Inhalt

Vorbemerkungen

Dieser Band ist Teil einer Reihe, welche die deutsche Geschichte des 19. und 20. Jahrhunderts behandelt. Sie ist in erster Linie für die Hand des Schülers gedacht, der sich in der Sekundarstufe II (Grund- und Leistungskurs) mit Geschichte befaßt. Sie dient ihm sowohl als semesterbezogene Grundlage als auch zur Vorbereitung auf das Abitur. Daraus ergibt sich die spezifische Konzeption des Buches, die eine thematische Gliederung der Geschichte der ersten deutschen Republik und deren strukturierte Aufbereitung unter Klausur- bzw. Abiturrelevanten Aspekten verlangt. Dem trägt nicht nur die straffe Untergliederung des Stoffes (z. B. in Vorgeschichte, Verlauf, Ergebnisse, Bewertung etc.) Rechnung, sondern auch die Trennung von Text und Randspalte (Ergänzungen, Zusatzinformationen, Quellen, Literaturangaben). Gerade diese klar strukturierte thematische Aufbereitung ermöglicht die Verwendung des Buches über die Schule hinaus überall dort, wo es um die Aneignung oder Rekapitulation der Grundzüge der deutschen Geschichte von 1918 bis 1933 geht.
Dieser Konzeption entsprechend wurde die Literatur unter zwei Gesichtspunkten ausgewählt: Es handelt sich einmal um Standardwerke profilierter Historiker, die meist als Taschenbücher nicht zu umfangreich und zudem erschwinglich sind, und zum anderen um Begleitmaterial, das entweder leicht zugänglich ist oder von politischen Institutionen (meist kostenlos) zur Verfügung gestellt wird.

Literatur

Aus der Fülle der Literatur eignen sich besonders folgende Darstellungen zur Ausweitung und Vertiefung als Parallellektüre, auf die auch die Literaturangaben der Randspalte bezogen sind:

Heiber, Helmut: Die Republik von Weimar. München, [15]1982 (dtv-Weltgeschichte des 20. Jahrhunderts, Nr. 4003).
Der Verfasser behandelt ausführlich und in sehr anschaulicher Sprache die Geschichte der ersten deutschen Republik.

Dederke, Karlheinz: Reich und Republik. Deutschland 1917–1933. Stuttgart, [4]1981 (Reihe Klett-Studienbücher, Nr. 98112).
Sehr empfehlenswerte, gut geschriebene Darstellung, die umfangmäßig über Heiber hinausgeht, auch Bereiche wie

Wirtschaft, soziale Probleme, geistiges und kulturelles Leben berücksichtigt und zahlreiche geschickt ausgewählte und gut in den Text integrierte zeitgenössische Quellen enthält. Ausführliches, thematisch gegliedertes Literaturverzeichnis.

Die Weimarer Republik. Informationen zur politischen Bildung, Nr. 109/110. Hrsg. Bundeszentrale für politische Bildung, (Berliner Freiheit 7) Bonn. Das Heft enthält eine Fülle von Quellen- und vor allem interessantem Bildmaterial und knappe, jedoch für den ersten Einstieg ausreichende Darstellungen.

Ferner können in diesem Zusammenhang herangezogen werden:

Binder, Gerhart: Geschichte im Zeitalter der Weltkriege, Bd. I. Stuttgart, 1977.

Bracher, Karl Dietrich: Die Auflösung der Weimarer Republik. Eine Studie zum Problem des Machtverfalls in der Demokratie. Villingen, [5]1971.

Graml, Hermann: Europa zwischen den Weltkriegen. München, 1969 (dtv Weltgeschichte des 20. Jahrhunderts, Nr. 4005).

Herzfeld, Hans: Die Weimarer Republik. Frankfurt, 1966 (Ullstein, Nr. 3846).

Schulz, Gerhart: Revolutionen und Friedensschlüsse 1917–1920. München, [2]1969 (dtv-Weltgeschichte des 20. Jahrhunderts, Nr. 4002).

Schulze, Hagen: Weimar. Deutschland 1917–1933. O.O., 1983.

Vogt, Hannah: Schuld oder Verhängnis. Zwölf Fragen an Deutschlands jüngste Vergangenheit. Frankfurt, 1961.

Quellen

Dederke, Karlheinz: Deutschland zwischen West und Ost. Stuttgart, (Klett-Nr. 4224)

Fragen an die deutsche Geschichte. Ideen, Kräfte, Entscheidungen von 1800 bis zur Gegenwart. Hrsg. Deutscher Bundestag, Bonn [9]1983

Michalka, Wolfgang / Niedhart, Gottfried: Die ungeliebte Republik, München 1980.

Petzina, Dietmar / Abelshauser, Werner / Faust, Anselm: Sozialgeschichtliches Arbeitsbuch III. Materialien zur Statistik des Deutschen Reiches 1914–1945. München 1978.

Ripper, Werner: Weltgeschichte im Aufriß, Bd. 3/1. Frankfurt, 1976 (Diesterweg, Nr. 7380).

Schmid, Heinz Dieter: Fragen an die Geschichte, Bd. 4. Frankfurt, o. J. (Hirschgraben, Nr. 5904).

Schönbrunn, Günter: Weltkriege und Revolutionen 1914 bis 1945. München, o. J. (BSV, Nr. 6076-4)

Soesemann, Bernd: Demokratie im Widerstreit. Die Weimarer Republik im Urteil ihrer Zeitgenossen, Stuttgart 1980 (Klett-Nr. 4278)

Wasser, Hartmut: Weimar und Bonn. Zwei Deutsche Republiken. Stuttgart, 1981 (Klett-Nr. 4296).

Zahlenbilder aus Politik, Wirtschaft und Kultur, Bd. 1 (Lose-Blatt-Sammlung), Berlin, o. J. (Erich Schmidt Verlag)

Schulbücher und Unterrichtsmodelle

Beilner, Helmut: Die Weimarer Republik. München, 1973 (Don Bosco-Verlag, Politik und Geschichte im Unterricht, Materialien-Methoden-Modelle).

Heinloth, Bernhard: Geschichte Bd. 4, Ausgabe B. München, 1982 (List/Oldenbourg).

Loch, Werner/Wagner, Volker: Die Weimarer Republik in Unterrichtsbildern. Dornburg-Frickofen, 1976 (Frankonius).

Maier, Gerhart/Müller, Hans Georg: Die Weimarer Republik. Stuttgart, 1980 (Reihe Stundenblätter, Klett).

Kampmann, Wanda/Wiegand, Berthold: Politik und Geschichte Bd. 2. Frankfurt, ^{3}1980 (Hirschgraben).

Meyer, Enno: Fünfundzwanzig Ereignisse deutscher Geschichte 1900 bis 1925, H. II, Aus der Weimarer Republik, Stuttgart 1982 (Klett).

Politische Weltkunde II: Die Weimarer Republik, Stuttgart 1980 (Klett).

Zeiten und Menschen (ZuM), Bd. A 4. München, 1979 (Schöningh).

Zeiten und Menschen, Bd. K 4/1. Politik, Gesellschaft, Wirtschaft 1919–1945. Paderborn, 1982 (Schöningh).

Abbildungsnachweis

Die Wahlplakate sind den folgenden Publikationen entnommen:

Hagen Schulze, Weimar. Deutschland 1917–1933. Berlin 1983, Severin und Siedler Verlag.

Anschläge. Politische Plakate in Deutschland 1900–1970. Hrsg. Friedrich Arnold, Ebenhausen bei München 1972, Langewiesche-Brandt Verlag.

Politische Plakate der Weimarer Republik, Darmstadt 1980, hrsg. vom Hessischen Landesmuseum.

Das Plakat auf S. 43 wurde uns vom Ullstein-Bilderdienst zur Verfügung gestellt.

Abkürzungen häufig verwendeter Begriffe

BVP	Bayerische Volkspartei
DDP	Deutsche Demokratische Partei
DNVP	Deutschnationale Volkspartei
DVP	Deutsche Volkspartei
GG	Grundgesetz der Bundesrepublik
KPD	Kommunistische Partei Deutschlands
Mio.	Millionen
Mrd.	Milliarden
NSDAP	Nationalsozialistische Deutsche Arbeiterpartei
OHL	Oberste Heeresleitung
RPr	Reichspräsident
RR	Reichsrat
RT	Reichstag
SA	Sturmabteilung
SS	Schutzstaffel
SU	Sowjetunion
USA	United Staates of America
USPD	Unabhängige Sozialdemokratische Partei Deutschlands
WRV	Weimarer Reichsverfassung
Z/Ztr.	Zentrum
zit.	zitiert

I Die Entstehungsbedingungen der Weimarer Republik

Zur Datierung der Weimarer Republik: Heiber, a.a.O., S. 7. Im allgemeinen werden als markanteste Zäsuren der 9. 11. 1918 (Abdankung des Kaisers) und der 30. 1. 1933 (Beginn der Kanzlerschaft Hitlers zur zeitlichen Einordnung der ersten deutschen Republik herangezogen.

1 Die innenpolitische Situation während des 1. Weltkriegs

Ausführlich Heiber, a.a.O., S. 8ff.

Die nationale Begeisterung bei Ausbruch des Kriegs machte mit zunehmender Dauer einer wachsenden Desillusionierung und einer rasch um sich greifenden Kriegsmüdigkeit Platz. Gleichzeitig tauchten ungelöste soziale Fragen sowie das Problem der Demokratisierung auf. Die monarchisch-konservative, auf Obrigkeitsstaat und Untertanengeist basierende Staatskonzeption hatte die längst fälligen Ansprüche und Forderungen des liberalen Bürgertums durch wirtschaftliche Zugeständnisse und durch Überbetonung des Nationalen unterlaufen. Diese Haltung stieß deshalb nicht auf nennenswerte Opposition, weil die Liberalisierungswünsche des Bürgertums eher Lippenbekenntnis und modischer Zeitgeist waren und nicht konsequent und energisch verfolgt wurden. Für diese Haltung gab es mehrere Ursachen:

Deutlichstes Indiz: Das preußische Dreiklassenwahlrecht (s. S. 109) konnte von den Konservativen bis Kriegsende gehalten werden.

- Der Verwaltungs- und Beamtenstaat der wilhelminischen Monarchie funktionierte gut, arbeitete exakt und war (von Ausnahmen abgesehen) nicht korrupt;
- er sicherte die bürgerlichen Rechte und Freiheiten durch Verfassung und Gesetz und garantierte die freie Meinungsäußerung weitgehend;
- auf diese Weise gab er jedem Bürger seinen festen Platz in einem funktionierenden Staat und ermöglichte es den meisten, sich mit den allgemein akzeptierten („deutschen") Grundzügen Ordnung, Pflichterfüllung, Anstand und mit einem überbetonten Deutschtum zu identifizieren;

Th. Mann (1918): „Ich will keine Politik. Ich will Sachlichkeit, Ordnung und Anstand." (Zit. Heiber, a.a.O., S. 8)

- die einzige demokratische Institution, der RT, hätte nur sehr beschränkte Oppositionsmöglichkeiten besessen, da die entscheidenden Bereiche Militär und Außenpolitik sowohl durch die Verfassung von 1871 als durch die spezifische Situation 1914–1918 seinem Einfluß völlig entzogen waren. Zudem hatte die größte Partei im Reichstag, die SPD, durch den Burgfrieden bei Kriegsausbruch freiwillig auf Opposition im nationalen Interesse verzichtet;

Beschluß aller Parteien des RTs, im nationalen Interesse innenpolitische Auseinandersetzungen ruhen zu lassen.

- die Arbeiterschaft bzw. ihre politische Führung hatte sich mit dem aus ihrer Sicht gut funktionierenden konstitutionellen Obrigkeitsstaat abgefunden. Der Vergleich mit anderen westlichen Ländern machte ihnen deutlich, daß ein demokratisch-parlamentarisches System nicht automatisch mit der Verbesserung ihrer sozialen Lage gleichgesetzt werden konnte. Aus diesen Gründen beschränkte sich die Führung der SPD im wesentlichen auf die Korrektur einiger noch notwendiger Schönheitsreparaturen.

vgl. hierzu die für europäische Verhältnisse sehr moderne Bismarcksche Sozialgesetzgebung.

2 Von der konstitutionellen Monarchie zur Militärdiktatur

Heiber, a.a.O., S. 9f.; s. S. 109

Gegen Ende August 1916 wurden auf Druck der Stimmung in Volk und Heer der „Sieger von Tannenberg", Hindenburg, und sein „Kopf" Ludendorff an die Spitze des Feldheeres berufen. Diese Maßnahme bedeutete, zumal sie nicht dem Willen des Kaisers entsprach, de facto dessen Entmachtung, obwohl er bis zu seiner Abdankung nominell das Amt des obersten Befehlshabers wahrnahm. Von nun an bestimmte weder der Kaiser, noch irgendein Politiker, sondern die neue, dritte Oberste Heeresleitung (OHL). Ihre Stellung war aufgrund der Kriegssituation und der dadurch bedingten innenpolitischen Verhältnisse praktisch unangreifbar. Die beiden Generäle bestimmten neben der Kriegsführung auch die Innen- und Außenpolitik, die Einberufung und den Sturz von Kanzlern, die nur auf dem Papier dem Kaiser verantwortlich waren. Auf diese Weise erhielten die Nachfolger Bismarcks beinahe die Funktion von Briefträgern zwischen Heeresleitung und Parteiführern.
Das Ergebnis dieser gesamten Entwicklung war eine absolute Militärdiktatur, die an die Stelle der konstitutionellen Monarchie getreten war.

Nach allgemeiner militärischer Ansicht war der Krieg viel zu wichtig, um ihn Zivilisten (= Politikern) zu überlassen.

Sie erzwangen den Rücktritt des Kanzlers v. Bethmann-Hollweg (13. 7. 1917) und die Nachfolge ihres Kandidaten Michaelis.

3 Die Parlamentarisierung des Deutschen Reichs

Heiber, a.a.O., S. 10ff.; Dederke, a.a.O., S. 19ff.

3.1 Der militärische Zusammenbruch als Voraussetzung

Ein Bündel von Ereignissen machte im Spätsommer 1918 die aussichtslose Lage des Deutschen Reichs deutlich:

- Die deutsche Frühjahrsoffensive war gescheitert;
- die Gegenoffensive der Alliierten war erfolgreich verlaufen;
- Bulgarien war abgefallen, die Kapitulation Österreichs zeichnete sich ab und der Zustand der Türkei konnte nur als desolat bezeichnet werden;
- die USA griffen massiv und militärtechnisch weit überlegen in den Krieg ein.

Der 8. August wurde in Deutschland als „schwarzer Tag" empfunden.

28. 9. 1918

Botschaft des amerikanischen Präsidenten vom 2. 4. 1917 an den Kongreß zum Kriegseintritt: Schmid, a.a.O., S. 8, Nr. 1

Hindenburg und Ludendorff zogen daraus die Konsequenzen und drängten nun in völliger Umkehr ihrer bisherigen Durchhaltepolitik auf sofortigen Waffenstillstand. Dies bedeutete die rasche Bildung einer Regierung auf demokratischer Grundlage, da der amerikanische Präsident sich im Rahmen seines „Kreuzzugs gegen die Monarchie" weigerte, mit einem kaiserlichen Deutschland zu verhandeln.
Neben der politischen Notwendigkeit spielte bei der Etablierung der parlamentarischen Regierung ganz sicherlich die Absicht der beiden Generäle eine wichtige Rolle, die Verantwortung für das militärische Desaster auf Politiker und damit auf das ungeliebte und unverstandene System der Demokratie abzuwälzen. Immerhin blieb es nun denen überlassen, „die Suppe auszulöffeln", was zu einer permanenten Belastung der Demokratie bis 1933 führte.

29. 9. 1918

Text der 3. Note des amerikanischen Präsidenten vom 23. 10. 1918: Schmid, a.a.O., S. 12, Q. 14.

Seinen Mitarbeitern gegenüber erklärte Ludendorff: „. . . Die [Politiker der neuen Regierung] sollen nun den Frieden schließen, der jetzt geschlossen werden muß. Sie sollen die Suppe jetzt essen, die sie uns eingebrockt haben." (Zit. nach Inf. 109/110, S. 1)

s. auch S. 102f.

3.2 Die parlamentarische Monarchie

s. S. 110

Die zur Machtübernahme befohlenen Parteien waren von der neuen Situation völlig überrascht und nicht im geringsten auf die Erfordernisse vorbereitet. Sie hatten nicht einmal einen Kandidaten für das Amt des Kanzlers aus ihren eigenen Reihen anzubieten. Deshalb ernannte Wilhelm II. auf Veranlassung der OHL den parteilosen Prinzen Max von Baden, der als Kompromißkandidat die Zustimmung der Parteien fand.
Diese Ernennung hatte schwerwiegende Folgen: Nach außen hin blieb für die überwiegende Mehrheit des Volkes alles beim alten. Ein Prinz hatte einen Grafen als Reichskanzler abgelöst. Die Wende von der konstitutionellen zur parlamentarischen Monarchie, die damit verbundene Demokratisierung, drang überhaupt nicht ins Bewußtsein der Bevölkerung.

Vorgänger Max von Badens: Graf Hertling

Am 3. Oktober bildete der neue Reichskanzler mit Billigung der OHL eine Regierung aus den Parteien SPD, Zentrum (Z) und der Fortschrittlichen Volkspartei. Die fünf Wochen amtierende Regierung konzentrierte sich außenpolitisch auf

Abschluß: 11. 11. 1918

die Erreichung eines raschen und günstigen Waffenstillstands, dessen Abschluß allerdings nicht mehr in ihre Amtszeit fiel. Innenpolitisch erreichte sie, gemessen an der kurzen Amtszeit, erstaunlich viel. Die Ende Oktober verabschiedete Verfassung beinhaltete folgende wesentliche Bestimmungen:

Text des „Gesetz(es) vom 28. Oktober 1918 zur Abänderung der Reichsverfassung": Schmid, a.a.O., S. 12, Q. 15

- Die Regierung ist vom Vertrauen des Parlaments abhängig;
- das Dreiklassenwahlrecht in Preußen wird durch das allgemeine, gleiche und geheime ersetzt;
- die Kommandogewalt über das Heer wird (auch offiziell) dem Kaiser entzogen und einem dem Parlament verantwortlichen Minister übertragen. Dies bedeutete in der politischen Praxis, daß das Reich nur noch formell eine Monarchie war. Die Stellung des Kaisers entsprach nur noch der eines erblichen Reichspräsidenten mit lediglich repräsentativen Funktionen. Damit war für das liberale Bürgertum die Forderung nach Liberalisierung und Demokratisierung zur Genüge erfüllt. An eine Abschaffung der Monarchie dachte selbst in den Kreisen der SPD niemand.

Werbung für die 7. Kriegsanleihe, 1917. Generalfeldmarschall v. Hindenburg verkörperte die Garantie für den Sieg und die Einlösung der Kriegsanleihe

4 Die Waffenstillstandsverhandlungen

Nachdem noch bis in den Sommer 1918 hinein die Militärs mit Durchhalteparolen und nationalen Appellen der wachsenden Kriegsmüdigkeit Einhalt hatten bieten wollen, kam im September die radikale Wende, als die führenden Generäle von der zur Macht befohlenen Regierung schnellstens einen Waffenstillstand forderten. Max von Baden wehrte sich vergeblich gegen die übereilten, ohne jegliche diplomatische Vorbereitung erzwungenen Verhandlungen, die im Ausland einer Kapitulation gleichkommen mußten. Innenpolitisch hatten die Waffenstillstandsverhandlungen zur Folge, daß auch der Rest der bisher aufgestauten und mühsam unter Kontrolle gehaltenen Kriegsmüdigkeit abrupt zum Ausbruch kam. Die Folge war ein enormer Druck auf die verhandelnden deutschen Politiker.

Entscheidend jedoch war, daß in weiten Kreisen der Bevölkerung trotz der militärisch hoffnungslosen Lage eine verhängnisvolle Fehleinschätzung vorherrschte. Hierfür gab es folgende Ursachen:

Die wesentlichen Inhalte des Friedens von Brest-Litowsk: Schmid, a.a.O., S. 10, T. 1.

- Der Sieg im Osten gegen Rußland und der Diktatfriede von Brest-Litowsk (3. 3. 1918);

- das Unvermögen und die fehlende Bereitschaft der militärischen und national gesinnten Kreise, die Niederlage zu erkennen und zu akzeptieren;
- die übertriebenen und nach Lage der Dinge völlig unrealistischen Hoffnungen weiter Kreise, die in die 14 Punkte Wilsons (8. 1. 1918) gesetzt wurden.

vgl. hierzu Zitat aus E. Jüngers „In Stahlgewittern" (1920): Schmid, a.a.O., S. 9, Q. 6

Text: Schmid, a.a.O., S. 8, Q. 2; s. S. 111

Auf die besonders harte 3. Wilsonnote (23. 10. 1918) änderte die OHL wiederum den Kurs radikal und proklamierte nun den heroischen, wenngleich sinnlosen Widerstand bis zum Untergang. Als die Reichsregierung dieses Hasardspiel nicht mitmachte, stahl sich Ludendorff aus der Verantwortung „als ob er ein x-beliebiger General und nicht des Reichs Diktator" gewesen wäre. Ebenso wie die Entstehung der parlamentarischen Monarchie wurde auch dieser Rücktritt von der Bevölkerung in seiner Tragweite nicht erkannt, da Ludendorff, obwohl er der Kopf der OHL und der Vater der Erfolge Hindenburgs gewesen war, immer in dessen Schatten gestanden hatte. Die Parteien, vor allem die SPD, versäumten es, die Rolle der Militärs, speziell die Ludendorffs und ihre Verantwortung für die augenblickliche Misere dem Volk deutlich zu machen. Die Folge war, daß sie schließlich zu Unrecht „die Suppe auszulöffeln" hatten und mit dem Odium des verlorenen Kriegs bzw. des Versailler Vertrags belastet wurden. Aufgrund der aussichtslosen Situation unterzeichneten die deutschen Bevollmächtigten am 11. November 1918 im Wald von Compiègne den Waffenstillstand.

26. 10. 1918

Heiber, a.a.O., S. 13

5 Die Novemberrevolution

Heiber, a.a.O., S. 14ff.; Dederke, a.a.O., S. 24ff.; s. S. 102

5.1 Verlauf und Ergebnis

Wenige Tage vor Beendigung des 1. Weltkrieges erließ die Marineleitung den Befehl an die Hochseeflotte, von Wilhelmshaven aus in Richtung Themsemündung auszulaufen. Für diesen angesichts der Lage sinnlosen Befehl gibt es zwei Erklärungen: Einmal die vage Hoffnung, dadurch dem Westheer Entlastung zu verschaffen, zum anderen, und dies war sicherlich der maßgebliche Grund, sollte die seit 1916 untätige Flotte noch schnell ihre Existenzberechtigung nachweisen.

28. 10. 1918

„Aus einem ehrenvollen Kampf, auch wenn er ein Todeskampf sein wird in diesem Kriege, wird . . . eine neue deutsche Zukunftsflotte hervorwachsen . . ." (Konteradmiral von Trotha zum Zweck des geplanten Auslaufens. Zit. nach Dederke, a.a.O., S. 24f.)

Kurz nach Auslaufen kam es zu ersten Meutereien, die die Flotte zur Rückkehr veranlaßten. Von Wilhelmshaven aus

31. 10. 1918

1. 11.

Vgl. hierzu einen zeitgenössischen Bericht über den Kieler Matrosenaufstand: Schmid, a.a.O., S. 19, Q1

3. 11.

4. 11.

Losung: „Fort mit dem Kaiser!"

5./6. 11.
Schleswig-Holsteinische Volkszeitung: „Die Revolution ist auf dem Marsche."

7. 11.

s. S. 46 u. S. 110

9. 11.
12.30 Uhr:
„Der Kaiser und König hat sich entschlossen, dem Thron zu entsagen ... Er beabsichtigt, dem Regenten die Ernennung des Abgeordneten Ebert zum Reichskanzler ... vorzuschlagen. Der Reichskanzler: Max, Prinz von Baden. (Zit. nach Schmid, a.a.O., S. 19, Q3)

Aufruf der Arbeiter und Soldatenräte in Berlin: „Wir fordern nicht Abdankung einer Person, sondern die Republik. Die sozialistische Republik mit all ihren Konsequenzen." (Zit. nach Schmid, a.a.O., S. 19, Q.2)

griff die Meuterei auf Kiel über. Prinz Max von Baden schickte den preußischen Innenminister Drews ins Hauptquartier nach Spa mit der Bitte an Wilhelm II., angesichts der Lage abzudanken.

In den norddeutschen Häfen forderten indes die Matrosen die Freilassung der Meuterer sowie disziplinäre Verbesserungen. Politische Forderungen wurden zu diesem Zeitpunkt nicht erhoben. Auch politische Parteien oder Gruppierungen griffen in das Geschehen nicht ein. Noch am selben Tag brachte Drews die Ablehnung des Kaisers.

Die Unruhen in Kiel führten zu einem ersten Zusammenstoß zwischen meuternden Matrosen und Militär, bei dem es zum Blutvergießen kam. Dadurch weitete sich die Revolution rasch aus. Kiel wurde von den Meuterern in Besitz genommen. Erstmals wurden politische Forderungen laut: Sofortiger Waffenstillstand, Bildung von Räten, Abdankung des Kaisers. Damit war die Revolution politisch geworden.

Am folgenden Tag griff die Revolution auf Lübeck und Hamburg über. Der RT bewilligte zwar eine Amnestie für die Meuterer, konnte jedoch damit die aufgebrachten Gemüter nicht mehr beruhigen. Am Tag darauf stürzte in München mit Ludwig III. der erste Monarch, Kurt Eisner rief dort die Räterepublik aus.

Weitere Fürsten traten daraufhin zurück, so z. B. der Herzog von Braunschweig und der Großherzog von Mecklenburg-Schwerin. Die SPD stellte Wilhelm II. das Ultimatum, bis zum 8. 11. nachmittags abzudanken; ansonsten werde sie aus der Regierung ausscheiden. Als sich Wilhelm auch weiterhin weigerte, wegen „der paar Juden und der 1000 Arbeiter" nicht nur als Kaiser, sondern auch als preußischer König abzudanken, entschloß sich Max von Baden, die Dinge zu forcieren: Er ließ über das Wolffsche Telegraphen-Büro in Berlin die Nachricht von der Abdankung des Kaisers verbreiten. Gleichzeitig trat er als Regierungschef zurück und übertrug das Kanzleramt an Friedrich Ebert (SPD).

Damit reagierte Max von Baden sowohl auf die Weigerung Wilhelms als auch auf die jüngsten Geschehnisse in Berlin. Inzwischen hatte die SPD ihre Drohung wahrgemacht und war aus der Regierung ausgetreten, da sie nicht die Führung der Arbeiterschaft an die radikalen Unabhängigen Sozialdemokraten (USPD) und die Spartakisten verlieren wollte.

Die Arbeitermassen befanden sich zum Zeitpunkt des Rücktritts von Max von Baden auf dem Marsch zum Regierungsviertel, um die Herrschaft der Regierung und der Parteien, die immer noch als Repräsentanten des alten Systems betrachtet wurden, zu beenden. Damit spitzte sich die Situation dramatisch zu. Um dem Vorhaben der radikalisierten Arbeiterschaft zuvorzukommen, verkündete Philipp Scheidemann (SPD), sehr zum Mißfallen des Parteivorsitzenden Friedrich Ebert vom Fenster des RTs aus die Deutsche Republik. Diese Eile und Hektik, die eine sorgfältige Abstimmung der politischen Maßnahmen auch in der SPD

Zur Person und zum politischen Werdegang Eberts: Dederke, a.a.O., S. 32 f.; Schmid, a.a.O., S. 32, T. 12

8 Uhr-Abendblatt

National-Zeitung

71. Jahrg. Sonnabend, 9. November 1918 Nr. 263

Deutschland – Republik!

Scheidemann verkündet die Republik von der Terrasse des Reichstags

Das Ende von Byzanz.

Von Victor Hahn.

I.

Berlin, 9. November.

„. . . . Es fürchte die Götter
Das Menschengeschlecht!
Sie halten die Herrschaft
In ewigen Händen
Und können sie brauchen

Die Bildung der neuen Regierung.

Berlin, 9. November

Die neue Regierung wird sich noch im Laufe des heutigen Tages konstituieren. Bisher steht nur fest, daß Ebert Reichskanzler wird und die Abgeordneten Scheidemann und Landsberger als Staatssekretäre ohne Portefeuille eintreten. Die Verhandlungen mit den Führern der Unabhängigen

richtet, daß Cohn, Dittmann und Vogtherr von den Unabhängigen bereits in der Reichskanzlei weilen. Die Sozialdemokratie zieht sich zu kurzer Beratung in ihr Zimmer zurück. Die Vertrauensmänner der Soldaten, die anwesend sind, wohnen der Besprechung bei. Man erfährt bald, daß das

Jägerbataillon 4 und die Kaiser-Alexander-Garde-Grenadiere übergegangen

sind. Sie sind die ersten. Nur kurze Zeit später kommt von den übrigen Formationen die gleiche Kunde. Blut soll nur in der Chausseestraße geflossen sein, wo die Maikäfer geschossen haben. Glücklicherweise sollen nur zwei Tote zu beklagen gewesen

Eine Berliner Tageszeitung vom 9. November 1918 mit der Schlagzeile über die Ausrufung Deutschlands zur Republik.

aus: Parlament, 12. November 1983, S. 11

nicht mehr möglich machte, war vor allem deshalb geboten, weil man dem Spartakus-Führer Karl Liebknecht nicht die Initiative überlassen wollte. Kurze Zeit nach Scheidemann nämlich rief Liebknecht vor dem Berliner Schloß die „freie sozialistische Republik Deutschland" aus und verkündete die neue Marschroute durch die Parole: „Alle Macht den Arbeiter- und Soldatenräten."

Texte der beiden Reden: Schmid, a.a.O., S. 19, Q. 4a und 4b und Heinloth, a.a.O., S. 78 bzw. 79

Aufgrund dieser Ereignisse, und weil er sich in seiner monarchischen Ehre und Würde durch die von Max von Baden betriebene Abdankung tief getroffen fühlte, dankte Wilhelm II. noch am selben Tag offiziell als Kaiser und als preußischer König ab und ging ins Exil nach Holland.

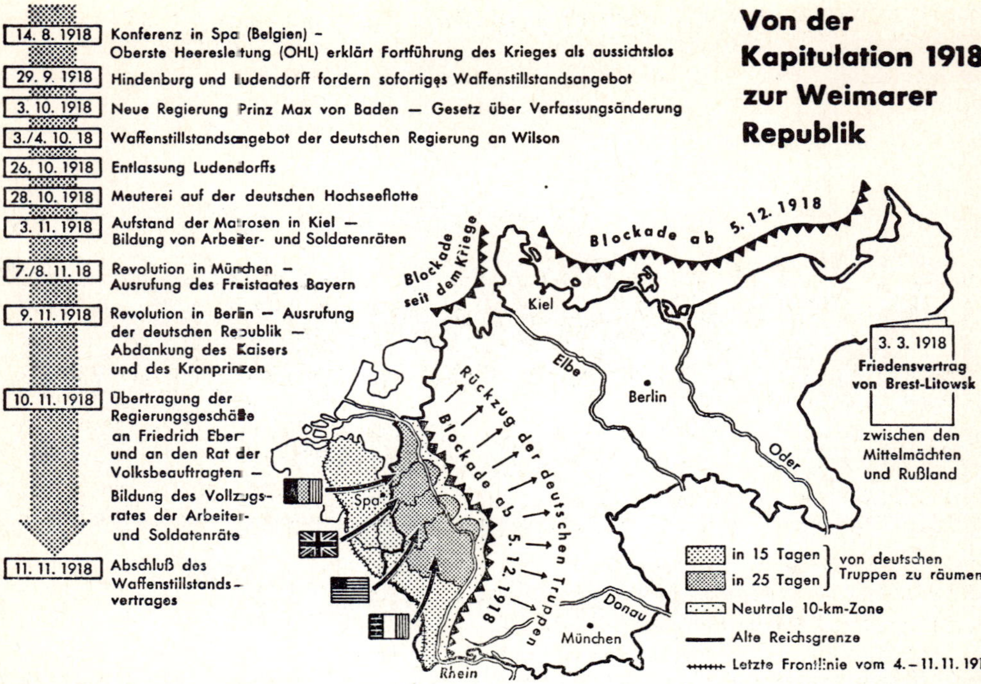

© Erich Schmidt Verlag (Zahlenbilder)

5.2 Die Bewertung der Revolution

- Sie kann weder mit der französischen (1789) noch mit der russischen (Oktober-)Revolution (1917) verglichen werden, da weder eine Ideologie, noch klare, langfristige Ziele bei ihrem Ausbruch vorhanden sind;
- es fehlt ebenso eine geistige und politische Führungselite;
- die Revolution ist ein Zufallsprodukt;
- sie wird nicht bis zu ihrem möglichen Ende fortgeführt; vielmehr begnügen sich ihre Träger mit (gesellschaftlich) kleinen Umwälzungen.

Heiber, a.a.O., S. 8

Soesemann, a.a.O., Nr. 10 und Kampmann/Wiegand, a.a.O., S. 104. Interessant ist auch die Beurteilung durch M. Weber vom 18. 11. 1918: Soesemann, a.a.O., Nr. 4

A. Rosenberg bezeichnet sie aus diesen Gründen als die „wunderlichste aller Revolutionen". W. Rathenau nennt sie ein „Zufallsgeschenk", ein „Verzweiflungsprodukt", eine „Revolution aus Versehen". Sie verdiene diesen Namen nicht, da sie die eigentlichen Mißstände nicht beseitigt habe, sondern in einen entwürdigenden Interessenkampf ausgeartet sei.

II Die Etablierung der Republik

Heiber, a.a.O., S. 18 ff.; Dederke, a.a.O., S. 32 ff.; Info 109/110, S. 5 f.

1 Der Rat der Volksbeauftragten

Mit der Abdankung des Kaisers sah die Parteiführung der SPD die Revolution als beendet an; sie war im Gegensatz zu ihren radikaleren Genossen (USPD, Spartakus) mit dem Erreichten zufrieden. An die Schaffung einer Räterepublik dachte in der SPD niemand.

SPD-Parole: Soviel Kontinuität wie möglich, soviel Revolution wie machbar.

Vgl. das Schreiben des SPD-Vorstands an den USPD-Vorstand vom 9. 11. 1918: Kampmann/Wiegand, a.a.O., S. 101, T. 1

Am 10. November wählten die Berliner Arbeiter- und Soldatenräte im Zirkus Busch die neue republikanische Regierung, den „Rat der Volksbeauftragten". Er bestand aus je drei Vertretern der SPD und der USPD und war von Anfang an aufgrund der konträren Ziele seiner Mitglieder zum Scheitern verurteilt. Die SPD-Mitglieder wollten Ruhe, Ordnung, demokratische Verwaltung und eine baldige Regelung der Verfassungsfrage durch eine Nationalversammlung. Die Vertreter der USPD dagegen sahen ihr Ziel in der Vereitelung dieser Versammlung, in der Fortführung der Revolution und in der Ausübung der Macht durch Arbeiter- und Soldatenräte, also in einem Rätestaat. Als Kontrollorgan für die neue, provisorische Regierung wurde der aus Arbeiter- und Soldatenräten paritätisch gebildete Vollzugsrat gewählt. Zwischen beiden Institutionen bestanden von Anfang an erhebliche Spannungen, die sich nicht nur aus den unterschiedlichen Zielen, sondern vor allem auch aus der Frage der Höherrangigkeit ergaben: Der Vollzugsrat war zwar offiziell das übergeordnete Organ, hatte jedoch kein klares Konzept

Ebert, Scheidemann, Landsberg (SPD); Haase, Dittmann, Barth (USPD).

Anschlag der SPD zu den Wahlen der Nationalversammlung 1919

aus: Fragen an die deutsche Geschichte, S. 245

und konnte deshalb seine mitunter diffusen Wünsche und Vorstellungen nicht durchsetzen.

2. Demokratie oder Räterepublik?

16.–19. 12. 1918

vgl. hierzu das Kampfprogramm der Spartakusgruppe vom 10. 11. 1918: Kampmann/Wiegand, a.a.O., S. 102, T. 2

Die Spannungen traten auf der Reichskonferenz der Arbeiter- und Soldatenräte, an der 450 Delegierte teilnahmen, offen zu Tage. Die radikalen Delegierten warfen den gemäßigten der SPD vor, sie (als Partei) paktierten mit den Befehlshabern der heimgekehrten Fronttruppen, sabotierten bewußt die Revolution durch dieses verräterische Bündnis und durch ihr Eintreten für eine verfassungsgebende Nationalversammlung, die im Dienste der Konterrevolution stehen werde. Zutreffend war, daß der von der SPD beherrschte Rat der Volksbeauftragten seine Macht gegenüber dem Vollzugsrat eben dadurch gesteigert hatte, daß sich Ebert als der führende Mann der SPD zum „Pakt mit den alten Mächten" entschlossen hatte (Militär, Justiz, Verwaltung).

vgl. die Argumentation von M. Cohen (SPD) und E. Däumig (USPD): Schmid, a.a.O., S. 20, Q. 9 bzw. S. 21, Q. 10

Regierungsprogramm: Schmid, a.a.O., S. 19, Q. 5

Nach harten Auseinandersetzungen und erbitterten Debatten fielen schließlich die Entscheidungen (mit 400 gegen 50 Stimmen), die die Entwicklung der Weimarer Republik entscheidend bestimmten:

- Die Reichskonferenz überträgt die exekutive und legislative Macht dem Rat der Volksbeauftragten;
- dessen Amtszeit läuft bis zur Wahl einer verfassungsgebenden Nationalversammlung am 19. Januar 1919;
- der Kongreß wählt einen „Zentralrat der Arbeiter- und Soldatenräte", der als Kontrollinstanz den Vollzugsrat ersetzt. Da sich die USPD-Mitglieder gegen eine Beteiligung in diesem Organ aussprachen, bestand er nur aus Mitgliedern der SPD. Damit war die Entscheidung über die Verteilung der politischen Macht endgültig gefallen.

Groeners Angebot an Ebert: Schmid, a.a.O., S. 20, Q. 6

3. Der „Pakt mit den alten Mächten"

vgl. Eberts Erklärung auf der Reichskonferenz der Ministerpräsidenten der Länder in Berlin (25. 11. 1918): Schmid, a.a.O., S. 20, Q. 8

Am 10. November schlossen Ebert und General Groener das Bündnis zwischen SPD und Militär. Es handelte sich dabei um eine Vernunftehe, bei der jeder Teil seine eigenen Ziele verfolgte. Ebert ging es in erster Linie darum, mit Hilfe der alten Mächte die junge Republik zu stabilisieren, Ruhe und Ordnung als Grundvoraussetzungen des Neuaufbaus zu erreichen. Das Militär betrieb das Bündnis aus der Furcht heraus, daß „der Karren noch weiter nach links rutscht". Demzufolge war der Charakter des Bündnisses als zeitlich begrenztes Zweckbündnis mit dem Ziele der gegenseitigen Existenzsicherung durch Ausschaltung der Linksradikalen von Anfang an klar.

„Wir hofften, durch unsere Tätigkeit einen Teil der Macht im neuen Staat an Heer und Offiziers-Korps zu bringen." (General Groener, zit. Heinloth, a.a.O., S. 79)

Anfang Dezember kam es zu Zusammenstößen verschiedener Gruppen in Berlin. Zwei Feldwebel versuchten mit einer Handvoll Soldaten den Vollzugsrat zu verhaften und Ebert zum Reichspräsidenten zu erheben. Dieser klägliche Putsch führte zu blutigen Auseinandersetzungen zwischen protestierenden Spartakisten und der Sicherheitswache der Regierung. Obwohl sich Ebert sofort von dem Putsch distanzierte und ihn verurteilte, sahen sowohl Linksradikale als auch viele Anhänger der SPD das Bündnis zwischen Ebert und Groener als reaktionär und den Interessen der Arbeiterklasse zuwidersprechend an.

Wie gespannt die Atmosphäre war, zeigte der sogenannte Matrosenputsch vom 23./24. Dezember in Berlin. Er konnte erst nach einer Woche, wiederum nur mit Hilfe des Militärs, beendet werden. Aus Protest gegen den Einsatz von Militär gegen Arbeiter und Matrosen durch die Regierung traten die USPD-Mitglieder aus dem Rat der Volksbeauftragten aus. Sie wurden durch zwei SPD-Mitglieder ersetzt.

27. 12. 1918

In der Folgezeit ging der Rat der Volksbeauftragten daran, die Rätezeit zu liquidieren. Hierzu benötigte er die Hilfe der hohen Beamtenschaft, des Militärs und der Justiz. Dieses Zusammengehen brachte folgende Ergebnisse:

- Die SPD schafft sich die Voraussetzungen für die Durchsetzung ihrer gemäßigten Politik;
- die Spannungen zwischen den linken Parteien bzw. Gruppierungen (SPD, USPD, Spartakus bzw. KPD) verstärken sich;
- die USPD wird nach links in den Radikalismus abgedrängt und schließlich zwischen KPD und SPD zerrieben;
- die SPD verliert vor allem durch den Einsatz des Militärs Teile der Parteibasis.

Ausführlich Heiber, a.a.O., S. 28 ff.

4 Der Spartakusaufstand

4.1 Verlauf

28. 12. 1918

6.–12. 1. 1919

Gesamtzahl der Getöteten: 156 Personen

Als Reaktion auf diese Ereignisse gründete der Spartakusbund die „revolutionäre kommunistische Partei Deutschlands“. Die wachsende Konfrontation fand ihren Höhepunkt in dem sogenannten Spartakusaufstand: In der Reichshauptstadt tobten Generalstreik und blutige Straßenkämpfe. Der insgesamt ohne klares Ziel und ohne ausreichende Beteiligung der Arbeiter geführte Aufstand brach nach wenigen Tagen unter dem brutalen Vorgehen des Militärs und der Freikorps zusammen, die Berlin von bewaffneten Spartakisten „säuberten“. Im Rahmen dieser Säuberungsaktion wurden am 15. Januar 1919 Rosa Luxemburg und Karl Liebknecht, die führenden Spartakisten, ermordet.

4.2 Auswirkungen

Die brutale Niederschlagung des Aufstands, vor allem jedoch die Ermordung der beiden Spartakusführer erzeugte Aufstände in Bremen, Hamburg, Wilhelmshaven, Düsseldorf, Essen, Leipzig, Halle und anderen Städten. Sie gingen wie in Berlin im Feuer des Militärs unter. Dadurch verstärkte sich die Erregung der Arbeiterschaft, welche die ganze Schuld an diesem Blutbad der SPD zuschob. Der Rätegedanke erhielt vorübergehend neuen Auftrieb, konnte jedoch die wenige Tage später stattfindenden Wahlen für eine verfassunggebende Nationalversammlung nicht mehr verhindern.

vgl. hierzu W. Horn, Zwischen Revolution und Demokratie. Die Wahl der Weimarer Nationalversammlung. In: Wasser, a.a.O., Nr. 12

5 Die Bewertung des „Pakts mit den alten Mächten“

In der Retrospektive wird der Pakt oft schlechthin als der Ausgangspunkt des Unglücks (= Scheitern der ersten deutschen Demokratie) bewertet. Diese Sehweise ist angesichts der Alternative einer sozialistischen Räterepublik und in Würdigung der Gesamtsituation abzulehnen. Vor allem wäre die Bewältigung der vielfältigen Aufgaben, mit denen sich der Rat der Volksbeauftragten konfrontiert sah, ohne die alten

Mächte nicht möglich gewesen. Als besonders schwierige Probleme sind zu nennen:

- Rückführung und Demokratisierung der Truppen;
- Wiedereingliederung der Soldaten in den Arbeitsprozeß;
- Umstellung der Kriegswirtschaft auf Friedenswirtschaft;
- Versorgung der Bevölkerung;
- Abbau bzw. Beseitigung der Arbeitslosigkeit;
- Erhaltung des Reichs durch Abwehr separatistischer Bestrebungen;
- Eindämmung des Radikalismus.

Angesichts dieser Probleme war die Sorge durchaus begründet, daß die Linksradikalen von einem in Chaos und Auflösung versinkenden Staat profitieren würden.

6 Die Verfassung von Weimar

Heiber, a.a.O., S. 37ff.; sehr gut zu verwenden aufgrund der kurzen, präzisen Darstellungen, der Quellen und des eingehenden Vergleichs mit dem GG: Wasser, a.a.O., S. 23ff.

6.1 Die Wahlen zur verfassunggebenden Nationalversammlung

s. S. 106 und S. 108

Die Wahlen vom 19. Januar 1919 vermitteln auf den ersten Blick den Eindruck, daß die Mehrheit des deutschen Volkes einem Normalzustand zustrebte. Dies dokumentiert sich auf zweierlei Art: Zum einen machen die Wahlergebnisse die Ablehnung der radikalen Parteien deutlich, zum anderen blieb insgesamt die Struktur des kaiserlichen Reichstags in seinen Grundzügen erhalten, da sich die SPD behaupten konnte, die bürgerlich-bäuerlichen Parteien (DDP, DVP, Z), jedoch die Mehrheit der Abgeordneten stellten. Eine derartige (oberflächliche) Betrachtung muß jedoch korrigiert werden:

- Die KPD hatte ihren Mitgliedern den Boykott der Wahlen empfohlen. Sie taucht deshalb in der Statistik gar nicht auf;
- SPD und USPD erreichen zwar zusammen 45,5%, doch war aufgrund der Ereignisse der vergangenen Wochen an eine gemeinsame Regierungsbildung nicht zu denken;
- die Stabilität signalisierenden Wahlergebnisse der Mittelparteien (Z, DDP, DVP: ca. 43%) täuschen über die wahren politischen Verhältnisse und über die Einstellung weiter Wählerkreise zu dem neuen Staat. Es darf hier nicht übersehen werden, daß die Angst vor revolutionären Veränderungen das im Grunde monarchische, antidemokrati-

sche Bürgertum veranlaßte, das im Augenblick kleinere Übel der Demokratie zu wählen. Auf keinen Fall lassen sich die Erfolge der bürgerlichen Parteien aus einer grundsätzlichen bejahenden Einstellung zum Staat erklären.

s. S. 106
Ausführlich: Heiber, a.a.O., S. 84ff. und S. 54

Aufschlußreich ist der Vergleich mit der Reichstagswahl vom 20. Juni 1920, in der die Koalitionsparteien nicht mehr die Mehrheit erreichten. Der wesentliche Grund dafür war das Wahlverhalten der bürgerlichen Schichten. Während sie 1919 noch aus Angst vor der Revolution die Koalition gewählt hatten (vgl. vor allem die Wahlergebnisse der DDP), wählten sie nun nach der Abwendung der Gefahr entsprechend ihrer eigentlichen Einstellung und Überzeugung.

vgl. A. Schickel, Die Nationalversammlung von Weimar: Wasser, a.a.O., Nr. 17

6.2 Die verfassunggebende Nationalversammlung

Die aus den Wahlen vom 19. 1. 1919 hervorgegangene Nationalversammlung wurde Anfang Februar in Weimar eröffnet. Für den Versammlungsort, der der ganzen Epoche den Namen gab, lassen sich zwei Begründungen anführen: Der offiziellen Version zufolge wurde der Ort gewählt, um an die geistige Tradition Deutschlands anzuknüpfen. Der inoffizielle, jedoch eigentliche Grund ist darin zu sehen, daß man der brodelnden, revolutionären Stimmung in Berlin entfliehen wollte, um „auf dem Lande“ in aller Ruhe die Grundlagen des neuen Staates zu legen.
Die Nationalversammlung sah sich im wesentlichen zwei Aufgaben gegenüber: Sie mußte die Verfassung schaffen und sie mußte den Abschluß des Friedensvertrags – soweit dies die Alliierten zuließen – mitgestalten. Bereits am 10. Februar wurde das „Gesetz über die vorläufige Reichsgewalt“ verabschiedet, das folgende wichtige Entscheidungen enthielt:

- Ein RPr soll sofort gewählt werden, der die Regierungsgeschäfte bis zum Amtsantritt der nach der neuen Verfassung zu wählenden Regierung führt;
- er soll parlamentarische Reichsminister berufen;
- die Verfügungen dieser Minister bedürfen der Gegenzeichnung durch den RPr.

6.3 Die Wahl Eberts zum Reichspräsidenten

Lebenslauf und politischer Werdegang: Schmid, a.a.O., S. 32, T. 12.

Am folgenden Tage wurde Friedrich Ebert mit 277 von 379 Stimmen (= ca. 73%) zum Reichspräsidenten gewählt. Noch am selben Tag berief er ein Reichskabinett, das aus den Reihen der SPD, der DDP und des Zentrums („Weimarer Koalition") gebildet wurde und unter der Leitung von Philipp Scheidemann (SPD) stand. Die Einsetzung der neuen Regierung macht Eberts anfänglich bedeutenden Einfluß auf die Politik der einzelnen Reichsregierungen deutlich. Nachdem sich die junge Republik zu Beginn der zwanziger Jahre zu stabilisieren begann, hielt sich Ebert immer mehr aus der Tagespolitik heraus und führte sein Amt mit einer gewissen Distanz. Die Fachliteratur unterstreicht seine hervorragenden Leistungen in der Erhaltung der Reichseinheit und in der Errichtung einer verfassungsmäßigen sozialen Demokratie.

Friedrich Ebert

aus: H. Schulze, Weimar, S. 160

6.4 Probleme der Konzipierung der Verfassung

Mit der Erarbeitung des Verfassungsentwurfs wurde der Staatssekretär im Reichsinnenministerium Hugo Preuß (DDP) beauftragt, weshalb er allgemein als „geistiger Vater" der Verfassung gilt. Die Konzipierung der Verfassung gestaltete sich kompliziert, da Probleme, die z. Teil aus der Bismarckschen Verfassung von 1871, zum Teil aus den politischen Verhältnissen der wilhelminischen Ära stammten, durch aktuelle Schwierigkeiten verstärkt wurden, was einen Konsens der beteiligten Politiker und Parteien erschwerte. Folgende Probleme mußten berücksichtigt werden:

vgl. hierzu Fromme, F. K., Deutschlands Sprung in die Demokratie. Zum 100. Geburtstag von Hugo Preuß: Wasser, a.a.O., Nr. 18

- Ausfall der monarchischen Spitze;
- das Volk ist an Demokratie nicht gewöhnt;
- weite Teile der Bevölkerung sind im Grunde antidemokratisch;
- aktuelle Probleme, wie Radikalismus, Wahlgesetzgebung, Rolle der Parteien, Verhältnis Länder – Reich;
- grundlegende Fragen, wie die Neuverteilung der Kompetenzen und der politischen Macht allgemein, erwiesen sich als äußerst mühsam und problematisch.

6.5 Die Verfassung

Ausführliche Vergleiche bzw. synoptische Gegenüberstellungen: Wasser, a.a.O., S. 56f.; Kampmann/Wiegand, a.a.O., S. 109f.

Die Ende Juli von der Nationalversammlung angenommene Verfassung gliedert sich in zwei Hauptteile, von denen der

Zu den einzelnen Bereichen der Verfassung vgl. Dederke, a.a.O., S. 42ff.; Heiber, a.a.O., S. 37f.; Info 109/110, S. 9f.

erste den Aufbau und die Aufgaben des Reichs (Art. 1–108), der zweite die Grundrechte und Grundpflichten der Deutschen (Art. 109–165) regelte. Folgende Bereiche bzw. Bestimmungen der Verfassung spielten für die Entwicklung der Weimarer Republik eine große Rolle:

Zum plebiszitären Element vgl. R. Thoma, Das Reich als Demokratie: Wasser, a.a.O., Nr. 28

6.5.1 Das Volk

Die Souveränität liegt beim Volk, dessen Willen durch den RT verkörpert wird. Da es den RPr direkt wählt und durch Volksentscheide an der Legislative mitwirken kann, hat das Volk eine außerordentlich große Bedeutung im politischen Prozeß.

Zum Föderalismus in Weimar und Bonn: Wasser, a.a.O., S. 73–91

6.5.2 Reich und Länder

Aus den Staaten des Kaiserreichs werden Länder, d. h. sie verlieren ihre Souveränität. Sie behalten Länderregierungen und Landtage, doch zieht das Reich wichtige Bereiche an sich. Reichsrecht bricht Landrecht (Art. 13). Die Länder sind über den RR kaum an der Legislative beteiligt. Insgesamt herrscht ein latenter Dualismus zwischen den Ländern und der Zentralgewalt.

6.5.3 Der Reichspräsident

- Er ist höchster Repräsentant des Staates;
- er ist an Gesetzgebung durch Art. 48 beteiligt;
- er kann den RT auflösen (Art. 25);
- er kontrolliert die Regierung (Art. 53) durch Ernennung und Entlassung von Kanzler und Ministern;
- er ist Oberbefehlshaber aller Streitkräfte (Art. 47) und Diktator auf Zeit (außerordentlicher Notstand, Art. 48);
- der Notstandsparagraph gibt ihm das Recht der Reichsexekution;
- er wird direkt vom Volk für 7 Jahre gewählt und kann beliebig oft wiedergewählt werden.

Beispiele für die Anwendung der Machtbefugnisse des RPr: Schmid, a.a.O., S. 21, T. 2

Vorgehen des Reichs gegen ein Land mit Waffengewalt

Zusammenfassung: Aufgrund seiner überragenden Machtfülle wird der RPr allgemein als „Ersatzkaiser“ bezeichnet.

Zum Parteiensystem Weimars und Bonns: Wasser, a.a.O., S. 91–106

6.5.4 Parteien und Wahlen

Die Parteien sind in der Verfassung nicht ausdrücklich erwähnt. Die ihnen im wesentlichen zugewiesene Aufgabe besteht in der Organisation der Wahlen.

Sehr gute Gegenüberstellung des Wahlrechts in Weimar und in der Bundesrepublik: Heinloth, a.a.O., S. 85

Das Wahlrecht ist allgemein, gleich, direkt und geheim. Ein reines Verhältniswahlrecht, das keine Sperrklauseln kennt, begünstigt kleine und kleinste Parteien.

6.5.5 Der Reichstag
ist das zentrale Organ der Weimarer Republik. Er hat den überwiegenden Teil der Legislative und in normalen Zeiten die Gesetzesinitiative, er kontrolliert die Regierung und entscheidet über Krieg und Frieden.

6.5.6 Der Reichsrat
besitzt nur ein suspensives Veto. Insgesamt gesehen, ist er schwach und keine echte Vertretung der Länderinteressen.

Zum Verhältnis Länder – Zentralregierung in Weimar und Bonn: Wasser, a.a.O., S. 73–91

6.5.7 Die Reichsregierung
hat eine insgesamt schwache Stellung, da sie vom RT durch das einfache Mißtrauensvotum und vom RPr durch dessen Vertrauen abhängig ist.

Zur Abhängigkeit der Regierung vom RT: Wasser, a.a.O., Nr. 41

6.5.8 Die Grundrechte
Ihre Stellung ist schwächer als im heutigen GG der Bundesrepublik. In der WRV sind sie nicht vorstaatlich. Während in Weimar die Grundrechte nur nach Maßgabe der Gesetze gewährleistet wurden, können in der Bundesrepublik Gesetze nur nach Maßgabe der Grundrechte erlassen werden.

Die Staatsorgane der Weimarer Republik

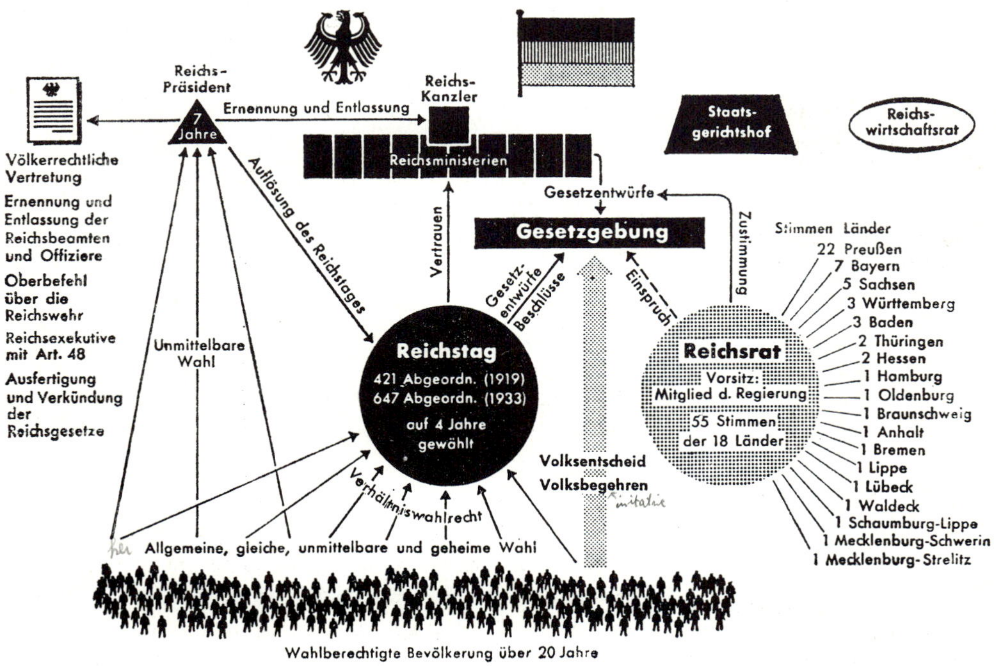

6.5.9 Zusammenfassung

Die WRV galt zu ihrer Zeit als die liberalste Verfassung Europas, was sich vor allem auf die Bereiche Arbeitsgesetzgebung, Handel und Wirtschaft, bezog.

6.6 Negative Bestimmungen der Weimarer Verfassung

- Spaltung der Legislative (RT, Rpr, RR, Volk);
- zu starke Stellung des Rpr (Art. 48);
- der RT ist dem Kanzler gegenüber zu stark;
- die Regierung ist aufgrund ihrer doppelten Abhängigkeit zu schwach;
- das reine Verhältniswahlrecht führt zu einer großen Parteienlandschaft und zu einer Zersplitterung des Reichstags; es erschwert eine Koalitionsbildung und damit die Aktionsfähigkeit der Regierung; die Folge sind Minderheitskabinette;
- fehlende verfassungsrechtliche Integration der Parteien;
- es existiert kein Verfassungsschutz;
- die „Hypertrophie (übermäßige Vergrößerung) der plebiszitären Komponente" führt dazu, daß die Masse des Volkes zu stark am politischen Prozeß beteiligt ist.

s. S. 107f.

6.7 Die Bewertung der Weimarer Verfassung

Die WRV wurde in der Retrospektive häufig und vereinfachend als *die* Ursache der nationalsozialistischen Machtergreifung angesehen. Diese Bewertung muß aus verschiedenen Gründen korrigiert werden:

- Die WRV gilt als die liberalste Verfassung ihrer Zeit, was sich auf den detaillierten Grundrechtskatalog, vor allem jedoch auf die Arbeitsgesetze und die Bestimmungen über Handel und Wirtschaft bezieht;
- es kann jedoch nicht übersehen werden, daß die Verfassung insgesamt einen (mitunter mühsamen ausgehandelten) Kompromiß darstellt. Er wird verfassungsrechtlich vor allem daran deutlich, daß die WRV in naiver Weise versucht, mehrere bewährte Elemente der klassischen demokratischen Verfassungen gleichzeitig für die junge deutsche Demokratie zu übernehmen:
  a) Das parlamentarische Element: Betonung des RT.s als der Volksvertretung;

Zur Weimarer Verfassung vgl. S. v. Kardorff, Die Weimarer Verfassung (1927). Soesemann, a.a.O., Nr. 32; W. Mommsen, Demokratie und Republik (1928). Ebenda, Nr. 33; C. v. Ossietzky, Zum Geburtstag der Verfassung (1929). Ebenda, Nr. 34

b) das Premier- oder Kanzlersystem nach britischem Vorbild (der Premier bzw. Kanzler bestimmt die Richtlinien der Politik);
c) das präsidentielle System nach amerikanischem Vorbild, in dem die Kompetenzen des Staatsoberhauptes mit denen des Regierungschefs vereint sind;
d) das Kabinettsystem.

- Bei der Bewertung der Verfassung ist wichtig, daß eine derartige Mischverfassung sich nicht notwendig negativ auswirken muß. Im ganzen war das Verfassungswerk durchaus brauchbar, allerdings der politischen Realität zu wenig angemessen.
- Eine weit größere Rolle als die Verfassung spielten für das Funktionieren bzw. Nichtfunktionieren des Weimarer Staates eine Reihe von zeitbedingten Faktoren, die die Verfassung in wachsenden Maße einschränkten:
  a) Es fehlte ein demokratiewilliges Volk;
  b) der Übergang vom Untertanenstaat zur Demokratie erfolgte zu rasch;
  c) durch verfassungsunabhängige Probleme bzw. Krisen verlagerte sich der politische Schwerpunkt immer mehr auf den Reichspräsidenten, wodurch schließlich der Ausnahmefall zum Normalfall wurde;

  Belastungen durch den Versailler Vertrag, Inflation, Weltwirtschaftskrise, Zerstrittenheit der Parteien etc.

  d) die junge Demokratie war seit ihrer Geburt mit dem unberechtigten Makel der militärischen Niederlage und den verhängnisvollen Auswirkungen des Versailler Vertrags belastet.

  s. S. 41 ff.

Berücksichtigt man diese Aspekte, so ist der Beurteilung H. Herzfelds zuzustimmen: „Im übrigen läßt sich der Mehrheit der Nationalversammlung der beste Wille und eine erhebliche Leistung bei der Umformung zu einer nach den Maßstäben der Zeit modernen Demokratie nicht absprechen. Die Weimarer Verfassung mit ihrer Zielsetzung einer zugleich liberal-freiheitlichen und sozialen Demokratie, ihren vielleicht zu sehr ins einzelne gehenden, aber im Prinzip mustergültigen Grundrechten kann den Anspruch erheben, eines der bedeutsamen Verfassungswerke der modernen Geschichte gewesen zu sein."

Herzfeld, a.a.O., S. 26 f.

Es steht fest, daß auch andere Verfassungen bei gleichem historischen Kontext von Hitler unterlaufen worden wären.

Grundsätze und Ziele der wichtigen Parteien: Schmid, a.a.O., S. 24; Heinloth, a.a.O., S. 82f.

III Parteien, Reichswehr und paramilitärische Organisationen

1 Die Parteien

Dederke, a.a.O., S. 126f.

1.1 Die Kommunistische Partei Deutschlands (KPD)

Zusammensetzung

- In erster Linie reine Klassenpartei;
- trotzdem stark wechselnder Mitgliederstand;
- sie entsteht aus intellektuellen Gruppen (Künstler, Literaten), aus Idealisten und Mitgliedern des revolutionären Spartakusbundes.

Wahlplakat der KPD zu den Reichstagswahlen 1924

Ziel

- Kommunismus nach russischem Vorbild, d.h. zunächst Abschaffung der Demokratie.

Bedeutung für die Weimarer Republik

- Sie erschwert aufgrund ihrer Agitation und der jahrelangen Obstruktionspolitik das Funktionieren des Parlaments;
- die Partei erreicht 1920 durch den Übertritt des linken Flügels der USPD den Status einer Massenpartei (360000 Mitglieder);
- die von ihr initiierten Aufstände zwischen 1919 und 1923 bestimmen die innenpolitische Situation dieser Jahre maßgeblich;
- nach 1923 verzeichnet sie einen erheblichen Rückgang der Mitgliederzahl; in der Endphase der Weimarer Republik aber erhält sie (als Gegengewicht zur NSDAP) starken Zulauf;
- Verzicht auf unabhängige Politik, nahezu völlige Abhängigkeit von Moskau;
- insgesamt keine unmittelbare Gefahr für die Republik, da die Partei unter der strengen Kontrolle aller anderen Parteien steht.

1.2 Die Sozialdemokratische Partei Deutschlands (SPD)

Dederke, a.a.O., S. 127ff.

Zusammensetzung

- In erster Linie ist sie Arbeiterpartei; ca. ⅓ ihrer Mitglieder entstammt dem bürgerlichen Lager;
- hoher Mitgliederstand nach dem Kriege;
- aufgrund der innenpolitischen Belastungen kontinuierlicher Verlust bis 1926;
- danach Anwachsen auf ihre Vorkriegsstärke.

Zur Bedeutung der Partei s. S. 17f.

1923: 1,26 Mio.
1926: 0,8 Mio.

Ziele

- Neuordnung der inneren Verhältnisse durch eine extrem demokratische Republik;
- Reformpolitik statt Revolution;

Bedeutung für die Weimarer Republik

- Staatstragende Partei seit Oktober 1918;
- bestimmt die Anfangsphase der Republik und stellt die Weichen (Verfassung, Reichspräsident, erste Kabinette);
- Schutz der Demokratie gegen monarchistische und militaristische (Putsch)Bestrebungen;
- aufgrund ihrer Größe und Organisation ist sie der stärkste Machtfaktor des politischen Lebens in der Weimarer Republik;
- sie ist verhältnismäßig konservativ;
- sie kämpft (nach dem Verbot der KPD) als einzige Partei bis zum Schluß konsequent gegen Hitler und lehnt das Ermächtigungsgesetz ab.

Plakat der SPD zu den Reichstagswahlen 1928

1.3 Das Zentrum (Z)

Dederke, a.a.O., S. 130f.; zur Entwicklung s. S. 33

Zusammensetzung

- Politische Interessensvertretung des Katholizismus;
- ihre Wähler entstammen allen Schichten;
- nach 1919 verstärkt sich der Arbeitnehmerflügel, das aristokratisch-bürgerliche Element wird aus der Partei gedrängt;
- in der Führung dominieren die geistigen Berufe.

Daraus ergeben sich die nahezu konstanten Wahlergebnisse 1919–1933

Ziele

vgl. Dederke, a.a.O., S. 130

- Unterstützung und Schutz der Republik;
- Durchdringung des Staates mit christlichem Geist;

Bedeutung für die Weimarer Republik

- Obwohl die Partei ohne republikanische Tradition ist und sich wegen religiöser Gründe an die monarchische Staatsform gebunden fühlt, befürwortet sie die Republik, da sie nach eigenem Programm eine Verfassungspartei ist;
- ab 1925 wird jedoch ein Trend nach rechts deutlich, dokumentiert durch die Betonung von Autorität und Ordnung gegenüber der Freiheit;
- insgesamt ist sie die stabilste Partei der Weimarer Republik;
- *s. S. 108* sie weist von 1919–1933 konstante Wahlergebnisse auf;
- Beteiligung an allen Regierungen von 1919 bis 1932. Neun der achtzehn Kanzler in diesem Zeitraum stammen aus dem Z;
- aufgrund der antikapitalistischen und antisozialistischen Grundeinstellung (vor allem der in der Partei beheimateten christlichen Gewerkschaften) wird das Zentrum zu einem ausgleichenden Faktor.

Zur Entwicklung s. S. 33

1.4 Die Bayerische Volkspartei (BVP)

Zusammensetzung

- Katholische Landespartei, entspricht in ihrer Zusammensetzung der großen Schwesterpartei (Z).

Ziele

- Betonung der Eigenständigkeit Bayerns;
- Schutz der kirchen- und kulturpolitischen Belange des Katholizismus;
- ausgeprägt antigewerkschaftlich und antipreußisch.

Bedeutung für die Weimarer Republik

- Ablehnung der Republik aus vielerlei Gründen, z. B. wegen der Beteiligung der „Sozis“ und Gewerkschaften am politischen Leben, der Unterordnung Bayerns, der monarchischen Grundeinstellung etc.;
- seit 1920 wirkt die kleine Fraktion im RT ebenso starr obstruktiv und oppositionell wie die Rechtsparteien.

1.5 Die Deutsche Demokratische Partei (DDP)

Dederke, a.a.O., S. 131f.

Zusammensetzung
- Liberales Bürgertum;
- staatsbejahende, demokratische Gruppen;
- die DDP ist im wesentlichen eine Honoratiorenpartei.

s. S. 33

Ziele
- Schutz und Durchführung der Verfassung;
- Erziehung des Volkes zu staatsbürgerlicher Gesinnung.

Bedeutung für die Weimarer Republik
- Aus der Zusammensetzung und den Zielen der Partei ergibt sich ihre positive Einstellung zur Republik. Vor allem in der Anfangsphase spielt die DDP innerhalb der sogenannten Weimarer Koalition eine wichtige Rolle;
- seit 1920 muß sie konstante Verluste hinnehmen, da ihr zu formalistisches Programm (gemessen an der politischen und wirtschaftlichen Situation) zu wenig attraktiv war;
- die 1919 drittgrößte Fraktion verliert ihr Wählerpotential auch durch die Verarmung des Mittelstandes in den Jahren 1923 und 1929–1933;
- gegen Ende der Weimarer Republik ist die DDP zur bedeutungslosen Splitterpartei herabgesunken.

Wahlplakat der DDP zur Reichstagswahl von 1920

1.6 Die Deutsche Volkspartei (DVP)

Dederke, a.a.O., S. 132f.

Zusammensetzung
- Den Kern der Partei bildet das besitzende Bürgertum, das vor 1919 seine politische Heimat in der Nationalliberalen Partei hatte;
- hinzu kommen zahlreiche Unternehmer und Akademiker, die in erster Linie national dachten.

Ziele
- Betonung des Machtstaatsgedankens;
- starke nationale Außenpolitik;
- Betonung der Volksgemeinschaft;
- von Anfang an, auch unter Stresemann als Parteivorsitzenden werden politische und soziale Verhältnisse, wie sie vor 1914 herrschten, angestrebt;
- unter Stresemann positive Einstellung des größeren Teils der Partei zum Staat;
- zur dieser Zeit konnte auch der rechte Flügel zur Mitarbeit gewonnen werden; allerdings spielten die wirtschaftlichen

Plakat der DVP zu den Reichstagswahlen 1930

Interessen der Großindustrie hierbei die entscheidende Rolle;
- in der Endphase Weimars treten nicht nur antirepublikanische und antisozialistische, sondern auch antidemokratische Tendenzen deutlich hervor;
- solange Stresemann die divergierenden Kräfte innerhalb der Partei durch seine Persönlichkeit zusammenhalten konnte, spielte die Partei als politischer Faktor eine Rolle;
- nach Stresemanns Tod zerfiel die DVP, die Mehrheit ihrer Mitglieder wechselte in die Rechtsparteien DNVP und NSDAP über und trug auf diese Weise zum Untergang der Republik bei.

Dederke, a.a.O., S. 133f.

1.7 Die Deutschnationale Volkspartei (DNVP)

Zusammensetzung

s. S. 33

- Als ausgesprochene Sammlungspartei der im Kaiserreich rechtsstehenden Kräfte vereinigt die DNVP Vertreter der Deutschkonservativen, Alldeutschen, Christsozialen, Völkischen und Nationalliberalen;
- die ostdeutschen Großagrarier und die westdeutschen Industriellen spielen die entscheidende Rolle;
- den Unterbau bilden nationalistisch eingestellte Angehörige der ländlichen und städtischen Mittelschicht.

Ziele
- Rücksichtslose Bekämpfung der Republik, der Demokratie und der sozialistisch-kommunistischen Tendenzen;
- Wiederherstellung der Monarchie;
- Wiedergewinnung der Vorherrschaft Preußens;
- Festhalten an den Ansprüchen der Wilhelminischen Großmachtspolitik.

Wahlplakat der DNVP 1924

Bedeutung für die Weimarer Republik
- Von Anfang an strikte Ablehnung des demokratischen „Systems“, dessen Überwindung mit Mitteln des Parlamentarismus erreicht werden sollte;
- die Partei spaltete sich in einen Teil, der die legale Opposition als Kampfmittel vertrat, und in den größeren Teil um Alfred Hugenberg, für den es zur Bekämpfung des Systems „bis aufs Messer“ keine Alternative gab;
- durch das enge Zusammengehen mit der NSDAP 1932/1933 trug die DNVP direkt zum Untergang der Republik bei.

1.8 Die Nationalsozialistische Deutsche Arbeiterpartei (NSDAP)

Heiber, a.a.O., S. 129f.; Dederke, a.a.O., S. 209f., 219ff.; s. S. 48

Zusammensetzung

- Bewegung des Mittel- und Kleinbürgertums, dem das Wesen der Demokratie fremd war;
- neben der eigentlichen Parteiorganisation spielen Spezialzirkel und -verbände für verschiedene Aufgaben, Berufe und Gruppen eine immer größere Rolle;

NS-Betriebszellen-Organisation (NSBO), NS-Lehrerbund, NS-Ärztebund etc.

- die Parteimitglieder, die aus allen Schichten des Volkes kamen, fühlten sich dem nationalen, völkischen Gedankengut verbunden und waren sich in der radikalen Ablehnung der Demokratie einig.

Mitglieder 1920: Arbeiter 33%, Akademiker 14%, Angestellte 14%, Soldaten 13%, Kaufleute 16%, Studenten 7%

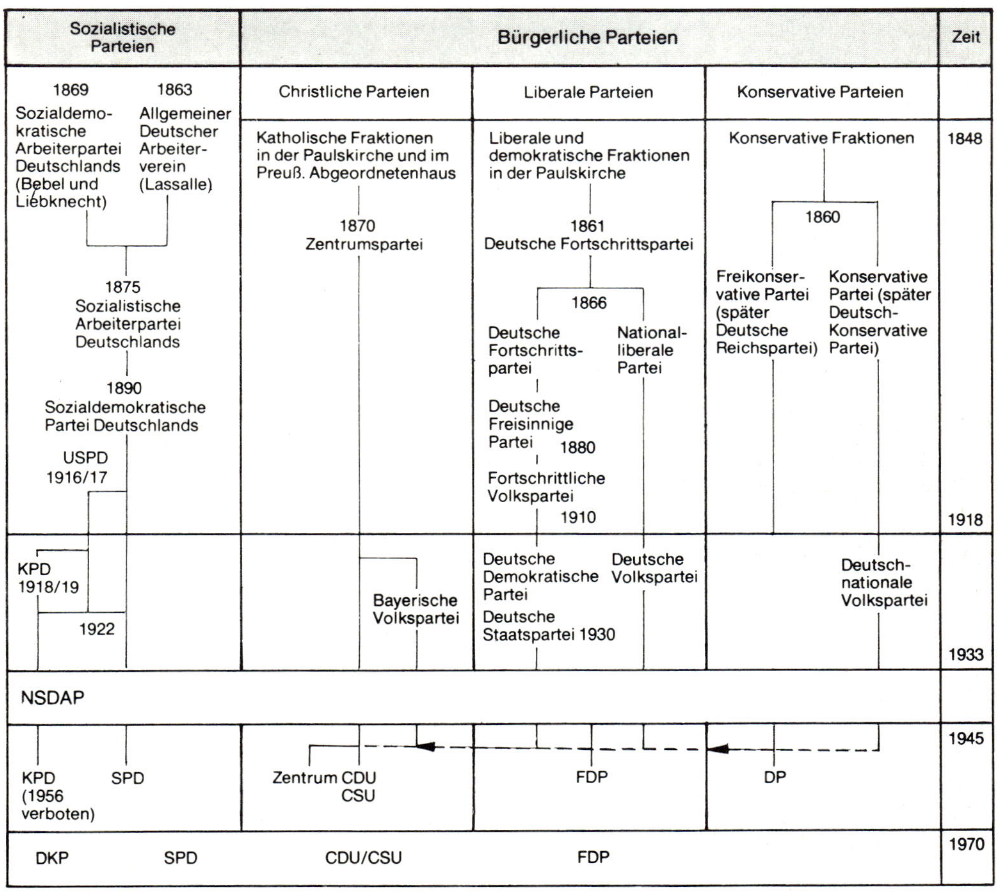

Die Entwicklung der deutschen Parteien
aus: H. D. Schmid, Fragen an die Geschichte, Bd. 4, S. 23

vgl. Kampmann/Wiegand, a.a.O., S. 135

Ziele
- Nicht nur Übernahme des Staates, sondern dessen totale Umstrukturierung;
- Schaffung des Dritten Reichs;
- Schaffung des „neuen Menschen“;

1. Reich: 911–1806
2. Reich: 1871–1918

Bedeutung für die Weimarer Republik
- Obwohl Hitler den neuen Staat als völkische Gemeinschaft ohne Parteien und ohne Klassenbindungen entwarf, erkannte er nach dem gescheiterten Putsch, daß seine Ziele nur auf legalem Weg zu erreichen waren. Er hielt sich (rein äußerlich) an den Wortlaut der Verfassung, arbeitete aber gleichzeitig auf „legalem“ Weg auf deren Abschaffung hin. Demokratie war für ihn eine Staatsform der Schwachen, das Parlament eine „Schwatzbude“;
- nach dem Putschversuch versinkt die Partei bis 1929 in der Bedeutungslosigkeit;
- in der Zeit der Weltwirtschaftskrise gelingt es ihr, die Masse der Unzufriedenen und bisherigen Nichtwähler zu mobilisieren;
- bis 1932 entwickelt sich die Partei trotz vieler Rückschläge zur größten Fraktion des Reichstags und prägt durch ihr Auftreten, ihre Propaganda und ihre radikalen politischen Methoden die innenpolitische Atmosphäre wesentlich.

„Zwar mag es länger dauern, sie [die „katholischen und marxistischen Abgeordneten] zu überstimmen als sie zu erschießen, am Ende aber wird uns ihre eigene Verfassung den Erfolg zuschieben. (Hitler während seiner Festungshaft, 1924. Zit. nach Schmid, a.a.O., S. 27, Q. 18)

s. S. 95

2 Die Reichswehr

Heiber, a.a.O., S. 75ff.; Dederke, a.a.O., S. 117ff.; zur Stellung und Bedeutung der Reichs- bzw. Bundeswehr: Wasser, a.a.O., S. 106–117

Sie blieb von den Revolutionswirren zunächst unberührt. Die OHL unter General Groener sah ihre Hauptaufgabe darin, das Offizierskorps und die Berufssoldaten, das „wertvolle preußische Material“, in die Zukunft zu retten. Deshalb ging er das Bündnis mit der neuen Staatsautorität ein. Groeners Nachfolger von Seeckt betonte den „unpolitischen Charakter“ der Reichswehr, unternahm jedoch nichts gegen die offen zu Tage tretende Ablehnung der Republik durch die Angehörigen der Reichswehr und praktizierte gegenüber Staat und Regierung eine „geringschätzige Loyalität“. Im Krisenjahr 1923 trug er sich mit dem Gedanken, die Reichsregierung abzusetzen und sich als Diktator an die Spitze des Staates zu stellen.

s. S. 18f.

„Mit allen Kräften soll die politische Betätigung jeder Art von dem Heere ferngehalten werden. Politische Kämpfe innerhalb der Reichswehr vertragen sich weder mit dem Geist der Kameradschaft, noch mit der Disziplin.“ (Erlaß des Chefs der Heeresleitung, v. Seeckt, 18. 4. 1920. Zit. nach Schmid, a.a.O., S. 26, Q. 13)

In der Endphase Weimars erblickte die Führung der Reichswehr ihre Aufgabe darin, die Neutralität aufzugeben und zur Stabilisierung der Republik beizutragen. Die Truppen verstanden den neuen Kurs jedoch nicht. Sie bewerteten ihn als allzu große Nachgiebigkeit gegen Links“ und als Verrat an der „nationalen Sendung“ der Reichswehr. So blieb die Reichswehr, vom Jahr 1918/19 abgesehen, für alle Regierungen ein Unsicherheitsfaktor, ein in Krisenzeiten eher destabilisierendes Element.

3 Paramilitärische Organisationen

Neben den Parteien entwickelten sich eine Reihe von Bünden, Geheimorganisationen und Verbänden, die ihren Ursprung im Kriegserlebnis und der Einstellung zu den nach 1918 entstandenen politischen Verhältnissen hatten. Sie betrachteten sich bewußt als Gegenkräfte zu den Parteien, die weitgehend als ineffektive, seelenlose Maschinerie zur Durchführung einer verantwortungslosen Interessenwirtschaft angesehen wurden.
Gemeinsam war diesen Organisationen mit Ausnahme des Reichsbanners auch das Ziel, den Parteienstaat zu überwinden, um entweder eine klassenlose Gesellschaft im marxistischen Sinne oder eine militärisch-autoritäre Gesellschaft zu erreichen. Die wichtigsten Organisationen werden im folgenden charakterisiert:

Zu den Geheimorganisationen: Dederke, a.a.O., S. 55f.

„Wir hassen mit ganzer Seele den augenblicklichen Staatsaufbau . . .“ (Aufruf des „Stahlhelm“ vom 4. 9. 1928. Zit. nach Binder, a.a.O., S. 317)

3.1 Das Reichsbanner Schwarz-Rot-Gold

Der 1924 gegründete Verband war offiziell überparteilich und verstand sich als Instrument der zur Verteidigung Weimars entschlossenen Parteien und Gruppen. 1932 schloß er sich mit den Gewerkschaften zur „Eisernen Front“ zusammen. Auflösung nach der Machtübernahme.

Zeitweilig bis zu 3,5 Mio. Mitglieder

3.2 Der Stahlhelm („Bund der unbesiegt heimgekehrten Frontsoldaten“)

Gründung im November 1918. Formell parteipolitsch neutral, jedoch der inneren Einstellung nach der DNVP nahestehend. Der Stahlhelm entwickelte sich rasch zum Sammelbecken des militanten Nationalismus der bürgerlichen Rechtsparteien. In seinem Kampf gegen Weimar arbeitete er seit 1929 zeitweise eng mit der NSDAP zusammen, z. B. in der Harzburger Front. 1933 wurde der Stahlhelm Hitler unterstellt, dann größtenteils in die SA übernommen. Die Reste wurden 1935 aufgelöst.

Gründer: Reichsarbeitsminister F. Seldte.

1927/28: ca. 1 Mio. Mitglieder

„Harzburger Front“. Am 11. 10. 1931 in Bad Harzburg gegründet. Zusammenschluß von DNVP, Stahlhelm, NSDAP, Vaterländischen Verbänden und prominenten Vertretern aus Adel, Finanz und Wirtschaft

3.3 Der Rote Frontkämpferbund

1926: 150000 Mitglieder

Diese linksradikale Organisation wurde 1924 als Reaktion der KPD auf die Auseinandersetzung mit Militär und Polizei gegründet. Die Ziele des KPD-eigenen Verbands, der seit 1925 von Ernst Thälmann geleitet wurde, waren der Kampf gegen Imperialismus, Militarismus, Faschismus und Krieg. Nach seinem Verbot 1929 arbeitete der Rote Frontkämpferbund bis 1933 illegal weiter.

3.4 Die Sturmabteilung (SA)

1932: 200000 Mitglieder

Die von Hitler 1921 gegründete SA entstand aus dem Ordnungsdienst der NSDAP. Bedeutung erhielt sie vor allem nach dem Neuaufbau der Partei 1925/26 unter ihrem Führer E. Röhm. Die SA wurde in der Endphase Weimars zunehmend zur Schlägertruppe der NSDAP, die ihre Ziele in Saalschlachten und Straßenkämpfen mit Terror und nackter Gewalt durchzusetzen versuchten.

s. S. 93

IV Der Vertrag von Versailles und seine Folgen für die Republik von Weimar

Sehr ausführlich: Schulz, a.a.O., S. 160–282; Heiber, a.a.O., S. 91 ff.; Dederke, a.a.O., S. 38 ff., Info 109/110, S. 10 f.

1 Das Problem des Friedenschließens

Zahlreiche Probleme politischer, territorialer und ideologischer Art erschwerten den Friedensschluß und führten zu einem in vielen Bereichen unbefriedigenden Ergebnis, zu Kompromissen, halbherzigen Entscheidungen und übermäßigen Härten:

Eröffnung der Konferenz zu Versailles am 18. 1. 1919 (= 48. Jahrestag der Gründung des Deutschen Reichs ebenda)

a) Der Krieg

- Der (verglichen mit den bisherigen Auseinandersetzungen) totale Krieg hatte ungeheure Verluste an Menschen und Material gefordert;
- die Mittelmächte Österreich und Deutschland hatten eine totale Niederlage erlitten;
- alle wichtigen europäischen Nationen sowie die USA waren am Krieg beteiligt. Somit fehlte eine neutrale Macht, die als Schiedsinstanz mäßigend hätte wirken können;
- die Propaganda auf allen Seiten, die dem Krieg den Charakter eines Kreuzzugs gegeben und damit starke Emotionen entfacht hatte, erschwerte sachliche Entscheidungen bzw. machte sie unmöglich;
- alle beteiligten Staatsmänner standen gegenüber ihren Parlamenten und Völkern unter einem ungeheuren Erfolgszwang.

7,6 Mio. Gefallene
14,6 Mio. Verwundete

Die Gesamtkosten des Krieges (direkte und Folgekosten) werden auf ca. 1338 Mrd. Mark geschätzt

Vgl. die Rolle Englands 1870/71

b) Der Weltfrieden

- Die weltweite Ausdehnung des Kriegs brachte zahllose Probleme;
- die Wichtigkeit und die Bedeutung einzelner Probleme waren umstritten;
- Interessensphären überschnitten sich;
- das Balkanproblem konnte nicht zufriedenstellend gelöst werden.

Naher und Ferner Osten; Mittelmeer; Kolonien in Afrika und Asien

c) Das Friedensprogramm

- Gegensatz zwischen Machtpolitik alter Prägung (d. h. möglichst große Territorialgewinne) einerseits und neuer Ideo-

Vgl. hierzu Schmid, a.a.O., S. 11, Q. 13, Heinloth, a.a.O., S. 58 und S. 60 logie andererseits (Wilsons 14 Punkte und Friedenskundgebungen des Jahres 1918).

d) Die Siegerkoalition

Englisch-französische Konkurrenz im Nahen und Fernen Osten; griechisch-türkische Rivalität; Balkanprobleme

- Streitigkeiten untereinander;
- Entstehung neuer Rivalitäten;
- geheime Abmachungen erweisen sich als Belastung (z. B. die Abtretung Südtirols, die Italien zum Kriegseintritt bewegt hatte).

2 Die Annahme des Vertrags

Dederke, a.a.O., S. 41 f.; Schulz, a.a.O., S. 211 ff.

Zwei Tage nach der Abdankung des Kaisers unterzeichnete der deutsche Bevollmächtigte, Matthias Erzberger (Z), im Wald von Compiègne den Waffenstillstand. In der Folgezeit wurden die deutschen Illusionen bezüglich eines milden Wilsonfriedens rasch und nachhaltig zerstört. Die Siegermächte, allen voran die USA, lehnten Verhandlungen mit der deutschen Delegation kategorisch ab und gestatteten lediglich schriftliche „Bemerkungen“ zu dem 440 Artikel umfassenden Vertragswerk. Obwohl die deutsche Delegation fleißig schrieb, erreichte sie kaum Nennenswertes.

Stellungnahme Scheidemanns: Heinloth, a.a.O., S. 87

Text: Schmid, a.a.O., S. 10, Q. 12

Am 7. Mai überreichten die Sieger den Friedensvertrag, gegen dessen Bestimmungen die deutsche Regierung heftig protestierte. Die Alliierten wiederum beantworteten diesen Protest am 16. Juni mit einem sechstägigen Ultimatum für die Annahme des geringfügig revidierten Vertrags. Ansonsten, so drohte man, sähen die Alliierten den Waffenstillstand als beendet an, was eine sofortige Besetzung Deutschlands zur Folge gehabt hätte.

In Deutschland schlugen die Wellen der Erregung hoch, die Parteien der Weimarer Koalition konnten sich nicht auf ein einheitliches Vorgehen einigen, obwohl sich bezüglich der Ablehnung des Vertrags alle Parteien mit Ausnahme der USPD einig waren. Nachdem die Mehrheit des Reichstags unter dem Druck des Ultimatums für die Annahme des Vertrags gestimmt hatte, zerbrach die Koalition, Kanzler Scheidemann (SPD) trat am 20. Juni zurück. Schließlich setzte sich doch noch die Ansicht durch, daß der Versailler Vertrag als unvermeidliche Folge des Krieges akzeptiert werden müsse, um Schlimmeres von Deutschland abzuwenden. Unmögliche Forderungen würden deutlich werden, man müsse sie jedoch in friedlichen aber zähen Verhand-

Abgeordneter Schiffer (DDP) bringt die Einstellung seiner Partei auf die Kurzformel: „Mit Ehren untergehen“. Graf Posadovsky (DNVP) bezeichnet den Vertrag als „unerträglich, unerfüllbar“.

lungen beseitigen. Auf keinen Fall dürfe die territoriale Einheit des Reichs der „Schmachartikel“ wegen aufs Spiel gesetzt werden. Nach der Annahme mit 267 zu 138 Stimmen unterzeichneten Außenminister Müller (SPD) und Verkehrsminister Bell (Z) am 28. Juni den Vertrag, der am 10. 1. 1920 in Kraft trat.

3 Inhalt

3.1 Die für Deutschland wesentlichen Bestimmungen

Schmid, a.a.O., S. 13, Q. 19; Dederke, a.a.O., S. 38 ff.

- Entwaffnung und Abrüstung des Heeres auf 100000 Mann, der Marine auf 15000 Mann;
- Zerstörung des schweren Kriegsmaterials;
- Entmilitarisierung des Rheinlands und dessen Besetzung;
- Deutschland muß Reparationen zahlen, deren Höhe bis 1921 festgelegt werden soll;
- Gebietsverluste:
  a) Elsaß-Lothringen (an Frankreich);
  b) wirtschaftliche Nutzung des Saarlandes auf 15 Jahre für Frankreich;
  c) Eupen-Malmedy (an Belgien);
  d) das nördliche Schleswig (an Dänemark);
  e) den größten Teil Westpreußens, fast ganz Posen, ein Teil Hinterpommerns und Ostpreußens sowie Oberschlesien (an Polen);
  f) Danzig wird als „Freie Stadt“ aus dem Reichsverband gelöst und wirtschaftlich eng mit Polen verbunden;
  g) Memelland (an Litauen);
  h) das Hultschiner Ländchen (an die Tschechoslowakei);
  i) Verlust aller Kolonien.

s. S. 40

Insgesamt verlor das Deutsche Reich 13% an Staatsgebiet und 10% an Bevölkerung

Der neugeschaffene Staat Polen erhielt über die deutschen Gebietsverluste hinaus auch den sogenannten „polnischen Korridor“, d. h. den Zugang zur Ostsee.

- Belastende Bestimmungen:
  a) Art. 228 bezeichnete auch den Kaiser als Kriegsverbrecher und verlangte dessen Auslieferung;
  b) Art. 231 konstatierte die alleinige Kriegsschuld Deutschlands und seiner Verbündeten.

Text: Heinloth, a.a.O., S. 87
s. S. 42
s. S. 42

Beide Artikel belasteten die Weimarer Republik außerordentlich, da sie zusammen mit der Dolchstoßlegende und den territorialen Verlusten zu permanenten Schwerpunkten der rechtsgerichteten Agitation und Propaganda wurden.

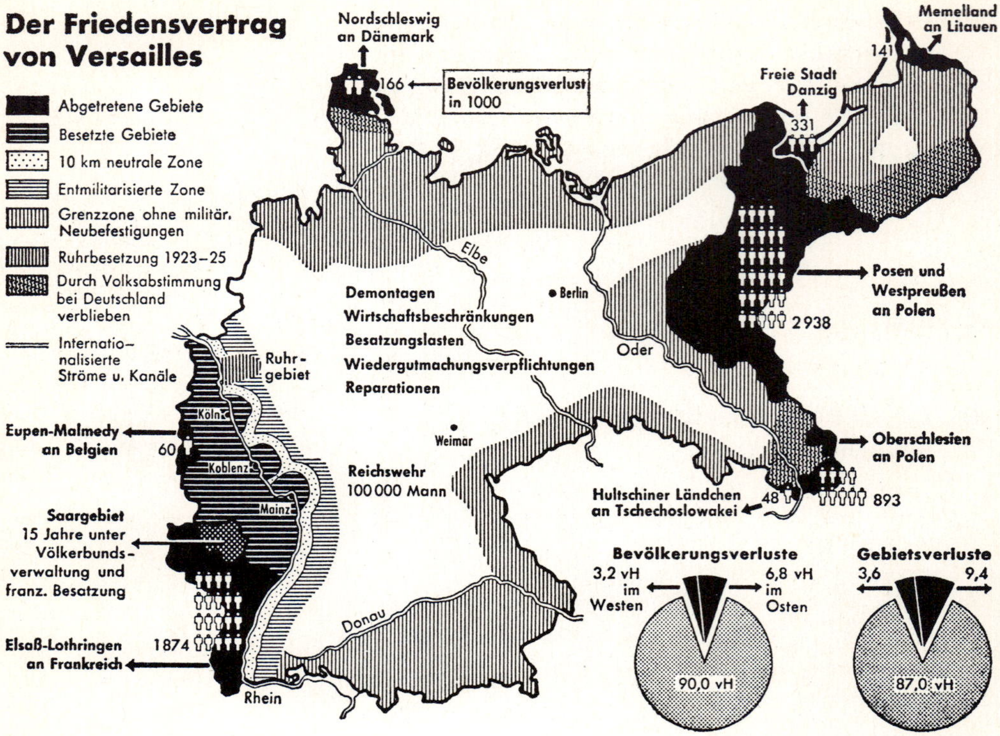

© Erich Schmidt Verlag (Zahlenbilder)

3.2 Die Problematik der einzelnen Bestimmungen

Damit war Deutschland, militärisch gesehen, schwächer als Polen und die Tschechoslowakei

- Die Entwaffnung und Abrüstung auf 100000 Mann war zwar eine traditionelle Forderung des Siegers, wurde am eigenen Leibe jedoch von den Rechtskreisen als Schmach und unvereinbar mit der Größe des Reichs empfunden;
- Der Verlust von Elsaß-Lothringen war allgemein erwartet worden und wurde deshalb von weiten Teilen der Bevölkerung ohne nennenswerte Reaktion hingenommen;
- als völlig unproblematisch erwiesen sich die Abtretungen von Eupen-Malmedy und des nördlichen Schleswig, da die Bevölkerung hier überwiegend belgisch bzw. dänisch war;
- die größten aus territorialen Bestimmungen erwachsenden Schwierigkeiten ergaben sich aus der Schaffung Polens. Während die Gebietsverluste im Westen von der Regierung und den führenden Militärs akzeptiert wurden, ging man von vorneherein davon aus, daß die Verluste im Osten so gering wie möglich gehalten werden müßten. Dies beinhaltete konkret den Verbleib Westpreußens, Posens

und Oberschlesiens beim Reich sowie die Vermeidung eines polnischen Korridors.

Über die endgültigen Bestimmungen hinausgehende Pläne Polens und Frankreichs machte Präsident Wilson zunichte, als er in zwei Fällen einen Kompromiß erkämpfte: Danzig wurde nicht polnisch, sondern zur „Freien Stadt" unter Schutz des Völkerbundes erklärt, in Oberschlesien sollte eine Volksabstimmung über die staatliche Zugehörigkeit entscheiden. Trotz einer Mehrheit, die sich für den Verbleib bei Deutschland aussprach, wurde 1921 auf Betreiben Frankreichs und Polens der östliche Teil, das Industriegebiet um Kattowitz an Polen gegeben. Dieses Vorgehen gab dem Vorwurf, der Frieden sei „ungerecht", ein „Schmachfrieden", die Alliierten, vor allem Präsident Wilson hätten Deutschland betrogen, erneut Nahrung. Dabei gilt es festzuhalten, daß es sich bei diesen Bestimmungen nicht um politisches Versagen handelt, sondern vielmehr um irreparable Kriegsergebnisse und hart umkämpfte Kompromisse. Der Vorwurf der einseitigen Entscheidung läßt sich heute nicht mehr halten, da Polen und Frankreich Maximalforderungen nicht verwirklichen konnten. Wohl aber führte diese Fehleinschätzung dazu, daß weder Politiker noch Militärs auch nur an Verhandlungen mit Polen dachten. Eine Revision der deutschen Ostgrenzen, die von allen Bestimmungen des Versailler Vertrags die geringsten Chancen hatte, stand für alle Politiker der Weimarer Republik als vorrangiges Ziel der deutschen Außenpolitik von vorneherein fest.

Entscheidend: Oberschlesien sollte in jedem Falle geteilt werden. Den Zweck der Abstimmung sahen die Alliierten lediglich in der Grenzfindung.

Damit fielen u. a. 91% des oberschlesischen Kohlevorrats an Polen

4 Langfristige Belastungen als Folgen des Vertrags

Im Grund bildete der gesamte Vertrag als Einheit die sicherlich schwerwiegendste Belastung für die junge Republik, weil er insgesamt als „Schmachfrieden" zum Symbol für die Rechtsradikalen und alle diejenigen wurde, die die neue Staatsform ablehnten. Sie identifizierten die Demokratie und die den Vertrag unterzeichnenden „Erfüllungspolitiker" mit dem angeblichen Untergang des Reichs, mit dem Verlust seiner Größe, mit den innen- und außenpolitischen Problemen, kurz: mit allem, was der rechten Mentalität verhaßt war. Er war für sie aufgrund einiger, in hohem Maße emotionalisierender Bestimmungen das ideale Agitations-

und Propagandamittel zur öffentlichen Abwertung der staatstragenden Parteien. Dennoch spielten einzelne Bestimmungen eine herausragende Rolle:

a) Der Kriegsverbrecherparagraph (Art. 228):
Entscheidend für seine emotionalisierende Wirkung war die Nennung des Kaisers und der Auslieferungsantrag an Holland. Da dieser Antrag jedoch an den holländischen Königshof gerichtet und Holland zudem neutral war, konnte dieser Artikel als theoretisch und der Auslieferungsantrag als weitgehend wirkungslos angesehen werden;

„Die alliierten und assoziierten Regierungen erklären und Deutschland erkennt an, daß Deutschland und seine Verbündeten als Urheber für alle Verluste und Schäden verantwortlich sind, die die alliierten und assoziierten Regierungen und ihre Staatsangehörigen infolge des Kriegs, der ihnen durch den Angriff Deutschlands und seiner Verbündeten aufgezwungen wurde, erlitten haben." (Zit. nach Heinloth, a.a.O., S. 87)

Vgl. hierzu die gegenteilige Ansicht des Außenministers Graf Brockdorff-Rantzau: Schmid, a.a.O., S. 13, Q. 18a

b) der Kriegsschuldparagraph (Art. 231):
Er stellte die Kriegsschuld Deutschlands und seiner Verbündeten fest. Ganz sicher war ihm keine programmatische Bedeutung von Seiten der Alliierten zugedacht worden. Ansonsten wäre er an herausragender Stelle und nicht mitten im Paragraphengestrüpp angeführt worden. Von seiner Funktion her ist er nichts anderes als die juristische Begründung der Reparationen und findet sich auch deshalb zu Beginn des 8. Abschnitts über die Reparationen.
Die Problematik ergab sich nicht aus der Feststellung der Sieger, daß der Verlierer am Krieg schuld sei und deshalb zurecht Wiedergutmachungen leisten müsse, sondern daraus, daß man Deutschland in ungeschickter Weise zwang, die Kriegsschuld schwarz auf weiß und für alle Zeiten gültig zu unterschreiben. Dies wurde deshalb als „moralische Ächtung" empfunden, weil das Volk immer noch von der „Einkreisung" durch neidische Mächte und der erzwungenen Reaktion des Deutschen Reichs 1914 überzeugt war.

Heiber, a.a.O., S. 65 ff.; Vogt, a.a.O., S. 15

c) Die Dolchstoßlegende:
Sie ergab sich zwar nicht unmittelbar aus dem Vertrag, bildete jedoch mit dessen belastenden Bestimmungen die Grundlage der rechtsgerichteten Agitation und Propaganda. Geistiger Vater der Legende im wahrsten Sinne des Wortes war Hindenburg, der vor einem Untersuchungsausschuß 1919 erklärte, ein englischer General habe ihm gegenüber behauptet, daß Deutschland von hinten erdolcht worden sei. Wo die Schuld liege, so Hindenburg, bedürfe keines Beweises. Damit war für jeden die Schuldzuweisung an die linken Parteien, an die Pazifisten und alle diejenigen, welche die Beendigung des Krieges gefordert hatten, deutlich.

Die Dolchstoßlegende hatte von Anfang an eine ungeheure Wirkung, erlaubte sie es doch allen „guten Deutschen“, die nationale Schande eines verlorenen Krieges auf diejenigen abzuwälzen, die sich in ihren Augen als Sündenböcke anboten.

Zudem war die Dolchstoßlegende für die Masse des Volkes recht plausibel: Bei Kriegsende standen keine fremden Truppen auf deutschem Boden, der Krieg im Osten war siegreich beendet worden. Die bereits von Hindenburg bei Kriegsende getroffene Feststellung, das Heer sei „im Felde unbesiegt“, war nun in eine griffige, werbewirksame Parole verpackt worden.

„Selten ist an einem Volk ein größerer Betrug verübt worden, und doch wurde die Lüge hartnäckig wiederholt und von vielen geglaubt – weil man gern an sie glaubte.“ (Urteil des englischen Historikers A. Bullock, zit. nach Info 109/110, S. 4)

Plakat der DNVP 1924

Ausführlich S. 63ff.

d) Reparationen:
Bereits bei der Ausarbeitung des Vertrags konnte man sich nicht über die Höhe der von Deutschland zu zahlenden Summe und über die Zahlungsmodalitäten einigen. Deshalb wurde die endgültige Regelung auf das Jahr 1921 festgesetzt. Damit wurde weit über 1921 hinaus die Frage der Reparationen zu einem politischen Dauerbrenner, der zusammen mit den oben genannten Belastungen, die innenpolitische Atmosphäre Weimars vergiftete.

5 Die Beurteilung des Vertrags

Wie ein Mann standen die Deutschen hinter Scheidemann als er am 12. 6. 1919 im RT erklärte: „Dieser Vertrag ist so unannehmbar, daß ich heute noch nicht zu glauben vermag, die Erde könne solch ein Buch ertragen." (Zit. nach Schulze, a.a.O., S. 15)

vgl. hierzu die Beurteilung des Vertrags durch den französischen Historiker J. Bainville: Schmid, a.a.O., S. 13, Q. 18b

Der Versailler Vertrag wurde in den folgenden Jahrzehnten bis zum Ende des 3. Reichs allgemein als ungerecht, überaus hart und fehlerhaft angesehen. Auch nach dem 2. Weltkrieg tauchte diese Betrachtungsweise noch vereinzelt auf. Ihre Vertreter behaupten, eine rechtzeitige Revision des Vertrags hätte der Republik den Frieden gerettet. Auflösung und Untergang Weimars seien Folgen des Vertrags, der die Lebenschancen der parlamentarischen Demokratie zum Scheitern verurteilt habe. Insofern seien auch die Alliierten am Aufkommen Hitlers schuld. Damit wird das deutsche Volk indirekt von der Verantwortung am Dritten Reich befreit, Hitler gleichsam als logische Konsequenz des Vertrags gesehen. Diese Betrachtungsweise ist aus mehreren Gründen unhaltbar:

- Nicht der Versailler Vertrag, sondern die strukturelle innere Schwäche Weimars ist schuld am Untergang der ersten deutschen Demokratie;
- der Abbau verfassungsmäßiger Elemente, der durch vermeidbare Fehlentscheidungen ermöglicht wurde, sowie eine bestimmte politische und gesellschaftliche Mentalität, die – im Kaiserreich entwickelt – in der Republik weiterlebte, bestimmten im wesentlichen den Untergang Weimars;
- die Enttäuschung über den ausbleibenden milden Wilsonfrieden, das Unvermögen, den verlorenen Krieg zu akzeptieren, verstärkten den „tiefen Sturz der Nation". Daraus resultierte eine sehr subjektive Beurteilung, die bestimmt wurde von einem Gemisch aus Selbstmitleid und bösartiger Agressivität. Ressentiments überwogen eindeutig die reale Einschätzung des Erreichbaren.

Alle Parteien waren sich in den zwanziger Jahren einig in der Beurteilung und Verurteilung des Vertrags. Auch in Kreisen der Wissenschaft gehörte es zum guten Ton, den „Diktatfrieden" bzw. die Politiker zu verurteilen, die ihn wohl oder übel hatten annehmen müssen. Hier trifft die staatstragenden Parteien der Vorwurf, daß sie in diesem Punkt mit den Rechtskreisen und Rechtsparteien an einem Strang zogen und deren Versagen und somit deren wesentliche Schuld an den kritisierten Verhältnissen nicht deutlich machten.
Für die Agitation der Rechten spielte der Vertrag eine wichtige Rolle: Er wurde zu einem entscheidenden propagandistischen Kampfmittel gegen den Staat, gegen das „demokratische System".
Seit 1945 wird die Betrachtung und Beurteilung auch wegen des 2. Weltkrieges als Vergleichsmöglichkeit distanzierter und gemäßigter. Ausgangslage und Sachzwänge der Staatsmänner werden nun ebenso in Rechnung gestellt wie erkämpfte Kompromisse gewürdigt. Die generelle Ablehnung ist der Erkenntnis gewichen, daß der Versailler Friede alles andere als ein „Karthagofriede" (146 v. Chr. wurde Karthago von Rom endgültig besiegt und völlig zerstört) gewesen war. Im Vergleich zu 1945 hatte er geringfügige territoriale Verluste gebracht und Deutschland die Chance gelassen, auf lange Sicht Großmacht zu bleiben. Tatsächlich boten sich in der Folgezeit der Weimarer Republik größere politische Optionen als in der Kaiserzeit. Der entscheidende Fehler wird heute darin gesehen, daß die deutschen Parteien von links bis rechts nie den Versuch machten, einen modus vivendi (verträgliches Miteinander von Personen und Staaten) zu finden bzw. die sich bietenden Chancen zu nutzen.

„Niemand sieht, worin das eigentlich Erstaunliche dieses Friedens liegt: Daß nämlich das Deutsche Reich, von einigen Grenzänderungen abgesehen, den Weltkrieg als Ganzes überdauert hat." (Schulze, a.a.O., S. 15)

V Innenpolitische Belastungen der Anfangsjahre

Zur innenpolitischen Entwicklung 1920–1924: Schmid, a.a.O., S. 27, T. 9

1 Die Räterepublik in Bayern

7. 11. 1918

Am Tage der Abdankung Ludwigs III. gelang es dem USDP-Mitglied Kurt Eisner durch eine zündende Rede auf dem Theresienfeld zu München die Truppen auf seine Seite zu ziehen. Die überraschte und machtlose Regierung mußte mitansehen, wie Eisner Arbeiter- und Soldatenräte bildete und den „Freien Volksstaat Bayern“ ausrief. Er selbst wurde bayerischer Ministerpräsident. Da die Arbeiter- und Soldatenräte nur Kontrollfunktion hatten und in die parlamentarische Regierungsform integriert werden sollten, kann von einer Räterepublik im eigentlichen Sinn nicht gesprochen werden.

„Das russische Vorbild lockt uns nicht, auch nicht die Methode.“ (Eisner zur Ausrufung des „Freien Volksstaats Bayern“. Zit. nach Heinloth, a.a.O., S. 77)

Auf dem Weg zum Landtag, wo er nach einer Wahlniederlage seinen Rücktritt bekannt geben wollte, wurde Eisner am 21. 2. 1919 von dem Leutnant Graf Arco-Valley ermordet. Dieses Attentat, dem noch am selben Tag ein weiteres im Landtag folgte, löste eine neue Revolutionswelle in Bayern aus. In dieser Situation sprach der eingeschüchterte Landtag der Minderheitsregierung Hoffmann (SPD) das Vertrauen aus und legte die Arbeit nieder. Da die Regierung sich auf keine echte Machtgrundlage stützen konnte, sah ein Großteil der Bevölkerung den Ausweg aus der politischen Labilität in einer Räterepublik. Sie wurde Anfang April von den Anarchisten Mühsam und Landauer ausgerufen, jedoch nur von der USPD unterstützt.

1. Räterepublik (7. 4.–13. 4.)

2. Räterepublik (13. 4.–1. 5.)

Die völlig machtlose 1. Räterepublik wurde bereits nach einer Woche von der kommunistischen Räterepublik abgelöst. Deren Amtsdauer währte nicht wesentlich länger und wurde Anfang Mai von einmarschierenden Regierungstruppen beendet, die die demokratische Regierung, die nach Bamberg geflüchtet war, wieder in ihr Amt einsetzte.

2 Der Kapp-Putsch (13.–17. 3. 1920)

Heiber, a.a.O., S. 71 ff.; Dederke, a.a.O., S. 50 f.

Vorgeschichte

Trotz der im Versailler Vertrag festgelegten Auflösung des deutschen Heeres bis auf 100000 Mann hielten sich sogenannte Freikorps im Osten, vor allem im Baltikum. Die Alliierten erzwangen im November 1919 deren Rückkehr und Zwangsauflösung, was zu wütenden Protesten der Militärs, der betroffenen Berufssoldaten und aller Rechtskreise führte. Eine weitere Folge war, daß die ehemaligen Offiziere und Berufssoldaten, in ihrer geistigen Haltung ohnehin weit nach rechts neigend, den antidemokratischen Kräften neuen Auftrieb gaben.

Parallel dazu verlief der Prozeß gegen den Zentrums-Minister Matthias Erzberger, der den Waffenstillstand unterzeichnet hatte und damit als negative Symbolfigur der „Erfüllungspolitiker" von den Rechten mit Haß und Schmähungen überhäuft wurde. Zur Begeisterung der antidemokratischen Kreise ermöglichte ein voreingenommenes Gericht den politischen Rufmord an Erzberger. Wichtiger noch als die sich deutlich abzeichnende Einstellung der Justiz zum Staat ist in diesem Zusammenhang, daß der Prozeß allgemein als Kampf zwischen Republik und dem alten (monarchischen) System angesehen wurde. Nun hielten die Rechtskreise den Zeitpunkt gekommen, zum Sturm auf die Republik zu blasen.

Freikorps-Plakat 1919

Verlauf

Am Tage nach der Urteilsverkündung marschierte die Marinebrigade Ehrhardt unter Leitung von General Lüttwitz nach Berlin ein und besetzte das Regierungsviertel. Der reaktionäre Politiker Kapp (DNVP) erklärte die Regierung für abgesetzt und übernahm als neuer Kanzler von eigenen Gnaden die Regierung, die östlich der Elbe Anerkennung fand. Trotzdem scheiterte der Putsch im wesentlichen aus drei Gründen bereits nach vier Tagen:

- Der Putsch war schlecht vorbereitet und wurde dilettantisch durchgeführt;
- der Generalstreik der deutschen Arbeiter im Reich, zu dem die nach Dresden geflohene Regierung aufgerufen hatte und der auch von der USPD und dem Allgemeinen Deutschen Gewerkschaftsbund unterstützt wurde, entzog Kapp sowohl die finanziellen Mittel als auch die ausführenden Organe (Beamte, Angestellte, Arbeiter);

Freikorps-Plakat

Thöny, Eduard
Sein Ideal (1920)
„Jnädigste wirken auf mich wie ein Putsch von rechts"
aus: „Simplicissimus", Jg. 24, Nr. 50, S. 723

Dem Reichswehrminister Noske gegenüber erklärte der Chef des Truppenamtes, General von Seeckt: „Truppe schießt nicht auf Truppe." (Zit. nach Heiber, a.a.O., S. 72)

- die Armee unterstützte zwar nicht die Forderung der Regierung, gegen die Aufständischen vorzugehen, doch sie griff auch nicht auf deren Seite ins Geschehen ein, obwohl die Sache Kapps auch ihre Sache war.

Auswirkungen

Der Kapp-Putsch ist in vielerlei Hinsicht symptomatisch für die Situation der Weimarer Republik:

- Er machte die Unzufriedenheit weiter Kreise, vor allem der militärischen mit dem neuen Staat deutlich;
- er dokumentierte die von nun an permanente „Bedrohung von rechts";
- er manifestierte die Rolle der Reichswehr im Staat und ihre Unverläßlichkeit beim Vorgehen gegen Rechtsradikale;
- der Kapp-Putsch verstärkte das Selbstbewußtsein der Rechtsparteien, die sich nun sicher waren, daß eine radikale Veränderung oder eine Beseitigung der ungeliebten Staatsform im Bereich ihrer Möglichkeiten lag;

– die überaus milde Ahndung der im Zusammenhang mit dem Kapp-Putsch begangenen Vergehen und Verbrechen machte erneut das Problem des „Pakts mit den alten Mächten“ deutlich.

Die gerichtliche Bestrafung der von Kapp-Anhängern begangenen Verbrechen

Amtlich bekanntgewordene Verbrechensfälle	705
davon: amnestiert	412
durch Tod oder andere Gründe in Wegfall gekommen	109
Verfahren eingestellt	176
1922 noch nicht erledigt	7
bestraft	1
Gesamtstrafe: 5 Jahre Festungshaft	
(Zum Vergleich: Urteile gegen die bayerische Räteregierung	
Anklagen	52
verhängte Todesurteile	1
verhängte Freiheitsstrafen	
[Zuchthaus, Gefängnis oder Festung]	135 Jahre)

aus: Maier/Müller, Stundenblätter Die Weimarer Republik, S. 83

---

3 Kommunistische Aufstände

Dederke, a.a.O., S. 52f.

Als Reaktion auf den Kapp-Putsch bildete sich im Ruhrgebiet eine kommunistische Rote Armee aus. Sie besetzte einige Großstädte. Der als Reichskommissar eingesetzte Carl Severing (SPD) erreichte die freiwillige Selbstauflösung der Roten Armee gegen ein Amnestieversprechen. Die Haltung der dortigen Reichswehr und das aggressive Auftreten einiger Freikorpsführer ließ es den Kommunisten geraten erscheinen, ihren Kampf fortzusetzen. Dadurch kam es zu bürgerkriegsähnlichen Zuständen. Reichswehreinheiten schlugen, verstärkt durch eben erst wieder eingegliederte und „auf den Boden der Verfassung zurückgekehrte“ Kapp-Verbände die Rote Armee zurück. Die Auseinandersetzung war den politischen Gegensätzen entsprechend äußerst brutal und riß die ohnehin schon tiefen Gräben noch weiter auf.
Auch im sächsisch-thüringischen Grenzgebiet kam es zu erbitterten Auseinandersetzungen zwischen roten Kampfverbänden und der Reichswehr.
Dort hatte Max Hölz zum letzten Mal auf deutschem Boden eine Räterepublik errichtet, die von Reichswehr und Freikorps erst nach längeren, blutigen Kämpfen niedergerungen werden konnte.

Juni 1921

4 Der Mord als politisches Mittel

Spartakus / KPD

„Der politische Mord war in Deutschland unter den sozial wie politisch verwahrlosten jungen Leuten der Rechten, der ‚Frontgeneration‘ heimisch geworden. Karl Liebknecht, Rosa Luxemburg und Kurt Eisner waren die ersten Opfer, denn solche ‚Heldentaten‘ waren auch nach den Wirren der Revolutionswochen in den einschlägigen Kreisen nichts Ungewöhnliches. Sie waren für die politischen Realitäten blind und meinten, Deutschland könne vom Joch der Feinde befreit werden, wären nur erst einmal deren angebliche Handlanger beseitigt.“

Heiber, a.a.O., S. 111

Die NSDAP feierte die Ermordung Rathenaus mit der Plakataufforderung: „Rathenau ist tot, Ebert und Scheidemann leben noch.“ (Zit. nach Heiber, a.a.O., S. 128f.)

Diese Gesinnung ließ die Ermordung des politischen Gegners als durchaus legitimes und ehrenwertes Mittel der politischen Auseinandersetzung erscheinen.

s. S. 109

Hierbei taten sich in erster Linie ehemalige Freikorpsleute hervor, die nicht in die Reichswehr übernommen worden waren und die damit auch nicht die schwachen Bindungen an den Staat entwickelten, die ihre ehemaligen Kameraden vor ähnlichem Verhalten zurückzuhalten vermochten. Sie organisierten sich in illegalen paramilitärischen Verbänden, die sich vor Verrat und Verrätern mit dem Mittel des Fememordes schützten. Sie wurden von Vertretern des Großgrundbesitzes und des Großkapitals finanziell unterstützt und von der Reichswehr zwar nicht gerade übermäßig geschätzt, jedoch als Reserve und mögliche Einsatztruppe gedeckt.

Aus der Marinebrigade Ehrhardt rekrutierte sich die im Untergrund arbeitende „Organisation Consul“, die für zahlreiche Anschläge und politische Morde verantwortlich war.

9. Juni 1921

In der Reihe der ermordeten Politiker war der in München erschossene Fraktionsführer der USPD, Gareis, der nächste. Ein knappes Vierteljahr später ermordeten zwei Offiziere der Ehrhardt-Brigade Matthias Erzberger. In bürgerlichen Kreisen wurde diese Tat begeistert als „Rache für Compiègne“ gefeiert, der Münchner Polizeipräsident verhalf den beiden Tätern persönlich zur Flucht.

SPD

24. 6. 1922

Im Sommer 1922 wurde der Außenminister Walter Rathenau (DDP) auf der Fahrt ins Auswärtige Amt von ehemaligen Marineoffizieren und Ehrhardt-Leuten ermordet. Auf ihn hatte sich seit langer Zeit der Haß der „nationalen“ Kreise konzentriert. Er war für sie die Verkörperung dessen, was sie landesverräterische „Erfüllungspolitik“ (gegenüber den Alliierten bzw. dem Versailler Vertrag) nannten. Er wollte Deutschland dem Bolschewismus ausliefern, war zudem ein „Rassefremder“ (Jude), ein „Vertreter des Weltjudentums“, einer der „Weisen von Zion“, wie die Attentäter in „erschütternder politischer Einfältigkeit faselten“. Mit

Heiber, a.a.O., S. 110

seiner Ermordung erreichte die antisemitische Welle einen ersten Höhepunkt. Dieser Welle von politischen Morden, zu der zahlreiche gescheiterte Attentate hinzuzurechnen sind, standen Ebert und die regierungstragenden Parteien hilflos gegenüber. Eine von Ebert über den Art. 48 erlassene „Verordnung zum Schutze der Republik“ und ein von der Mehrheit des RT.s getragenes Republikschutzgesetz zeigten keine Wirkung, da eine exekutive Organisation bzw. Institution fehlte, die diesen Gesetzen zur Geltung hätte verhelfen können. Weder die Reichswehr noch die Justiz konnten herangezogen werden, da es in der überwiegenden Zahl der Fälle gegen Rechtsradikale ging. Dies dokumentiert eine Statistik politischer Morde, die in der Weimarer Republik begangen wurden, und ihre Ahndung:

Weitverbreiteter Vers bei den Rechten: „Schlagt tot den Walther Rathenau, die gottverdammte Judensau!“

21. 7. 1922

Zit. bei Heinloth, a.a.O., S. 90

Die Sühne der politischen Morde

Politische Morde begangen	von Linksstehenden	von Rechtsstehenden	Gesamtzahl
Gesamtzahl der Morde	22	354	376
davon ungesühnt	4	326	330
teilweise gesühnt	1	27	28
gesühnt	17	1	18
Zahl der Verurteilungen	38	24	
Geständige Täter freigesprochen	—	23	
Geständige Täter befördert	—	3	
Dauer der Haft je Mord	15 Jahre	4 Monate	
Zahl der Hinrichtungen	10	—	
Geldstrafe je Mord	—	2 Papiermark	

„auf dem rechten Auge blind“

VI Das Krisenjahr 1923

1 Der Ruhrkampf

Dederke, a.a.O., S. 66f.; Heiber, a.a.O., S. 115ff.

Vorgeschichte

Die innenpolitische Situation in Deutschland verschlechterte sich rapid durch die Festsetzung der Reparationen auf 132 Mrd. Goldmark während der Londoner Konferenz und durch die ultimative Erzwingung dieser Summe durch die Alliierten. Die ohnehin schon vergiftete Atmosphäre verschlechterte sich mit dem Amtsantritt der Regierung Cuno (parteilos) noch weiter. Cuno leitete, unterstützt von der DNVP eine Abkehr von der „Erfüllungspolitik" ein. Sein Ziel war es, einen Zahlungsaufschub zu erreichen. Der französische Ministerpräsident Poincaré beantwortete diese Politik mit der Drohung, „produktive Pfänder" (z. B. Bergwerke, Industrieanlagen etc.) zu nehmen. Die englische Haltung war abwartend, die USA hatten sich zu diesem Zeitpunkt in Europa so gut wie nicht engagiert.

s. S. 64

s. S. 55

Frankreich drängte auf die Besetzung des Ruhrgebiets, was Großbritannien als ungerechtfertigt ablehnte. Einen minimalen Rückstand bei der Lieferung von Telegraphenmasten nahm Frankreich zum Anlaß, die alliierte Reparationskommission einzuschalten. Diese verurteilte auf Betreiben Frankreichs den Rückstand als Verstoß gegen den Versailler Vertrag. Als auch noch geringfügige Fehlbeträge an Kohlelieferungen entdeckt wurden, konnte Frankreich mit einer gewissen formalistischen Berechtigung die Besetzung des Ruhrgebiets fordern.

W. Cuno (parteilos)

aus: Zeiten und Menschen, Bd. A4, S. 74

Verlauf

Vgl. hierzu den Situationsbericht H. von Gerlachs vom 3. 3. 1923: Soesemann, a.a.O., Nr. 18

Am 11. Januar 1923 marschierten französische und belgische Truppen ins Ruhrgebiet ein. Die Regierung Cuno protestierte feierlich vor der ganzen Welt und stellte alle Geld- und Sachlieferungen an die besetzenden Länder ein. Außerdem propagierte sie unter dem Beifall aller Deutschen den passiven Widerstand, der von allen Kreisen und Schichten der Bevölkerung befolgt wurde. Das harte Vorgehen der französischen Besatzungstruppen bekräftigte die Deutschen in ihrem Kampf gegen die verhaßte Besatzungsmacht. Daraufhin verhängte Poincaré den Belagerungszustand, was u. a. die Ausweisung von ca. 145000 Beamten und Politikern bedeutete.

Arnold, Karl
Frankreich im Rheinland (1923):
„Es müssen noch viele verhungern, ehe ich satt werde“

aus: „Simplicissimus“, Jg. 28, Nr. 37, S. 464

Weitere Maßnahmen:
- Reichsbankfilialen und andere öffentliche Kassen werden beschlagnahmt, ebenso manche privaten Konten;
- Einführung des Paßzwangs;
- Errichtung einer Zollgrenze zum restlichen Deutschland;
- Übernahme der Reichsbahn im Ruhrgebiet durch Frankreich;
- Einreiseverbot für deutsche Minister.

Diese Maßnahmen, die prompt mit Gegenmaßnahmen beantwortet wurden, eskalierten in Aggressivität und Gewalt, die sich bei zahlreichen Zusammenstößen zwischen Einheimischen und Besatzern entluden. „Nationale“ Kreise begannen nun, ohne Billigung der Regierung, einen Sabotagekrieg. Seinen Höhepunkt fand der Ruhrkampf in der Hinrichtung des ehemaligen Freikorpsmitglied und jetzigen Nationalsozialisten Albert Schlageter. Damit war ein Martyrer geschaffen für alle am Ruhrkampf direkt oder indirekt Beteiligten, von der KPD bis zur NSDAP.

Heiber, a.a.O., S. 135ff.

26. 9. 1923

Begründung Stresemanns: Schmid, a.a.O., S. 27, Q. 17

Als im Sommer 1923 die Aussichtslosigkeit des Kampfes und seine verheerende Wirkung auf die wirtschaftliche und monetäre Situation deutlich wurde, stürzte die Regierung Cuno. Gustav Stresemann als neuer Reichskanzler, der sich auf eine große Koalition aus SPD, DDP, Z und DVP stützen konnte, beendete aus wirtschaftlichen und finanziellen Gründen den Ruhrkampf.

Plakataufruf zum passiven Widerstand gegen die Ruhrbesetzung

aus: Zeiten und Menschen, Bd. K4/I, S. 57

2 Die Inflation

Heiber, a.a.O., S. 97ff.; Dederke, a.a.O., S. 67ff.

Ursachen

Geldumlauf (in Mrd.) in Deutschland:
1914: 12,3
1918: 63,5

Staatsverschuldung 1919: 156 Mrd. (= dreifacher Staatshaushalt von 1913)

- Die Inflation beginnt während des 1. Weltkrieges. Da die enorm hohen Kriegskosten auch durch Anleihen nicht getragen werden können, erhöht die Regierung den Geldumlauf durch verstärkten Notendruck. Dies bedeutet jedoch, daß die vorhandene Geldmenge nicht mehr (durch z. B. Gold) gedeckt ist;
- der Staat verschuldet sich gegenüber Kreditinstituten und Privatbürgern;
- territoriale Verluste durch den Versailler Vertrag und dadurch bedingte wirtschaftliche Verluste: Durch den Ausfall von Lothringen, Oberschlesien und dem Saarland fehlen Deutschland gegenüber 1914 74,5% seiner Eisenerzvorräte, 26% seiner Kohlevorkommen und 68% der Zinkerze;

- die Umstellung von Kriegs- auf Friedenswirtschaft braucht viel Zeit und Geld;
- energische wirtschaftliche Maßnahmen der Regierungen unterbleiben;
- Reparationen tragen (wenig) zur Inflation bei;
- der Ruhrkampf bzw. der passive Widerstand bringt die Inflation zum Galoppieren, da einerseits die Bevölkerung vom Staat unterstützt werden muß, andererseits die Einnahmen (Reichsbahn, Steuern etc.) verloren gehen. Dadurch entsteht ein großes Mißverhältnis zwischen Staatseinnahmen und Staatsausgaben.

1 Tag Ruhrkampf kostet den Staat im Sommer 1923 40 Mio. Goldmark

Verhältnis von Staatsausgaben zu Staatseinnahmen 1923/24: 10:1

Verlauf

- Die wirtschaftliche Lage spitzte sich im Sommer 1923 zu. Die Kaufkraft der Reichsmark war praktisch gleich Null. Als Folge setzte die Flucht in die Sachwerte ein. Die Versorgung der Bevölkerung mit Lebensmitteln wurde immer problematischer;
- als der totale wirtschaftliche Zusammenbruch nur noch eine Frage der Zeit schien, brachte Stresemann den Mut zu unpopulären Maßnahmen auf, beendete den passiven Widerstand am 26. September und bekämpfte die Inflation mit folgenden Maßnahmen:
  a) Verhängung des Ausnahmezustands;
  b) Einsetzung eines Reichswährungskommissars (Hjalmar Schacht);
  c) Schaffung einer neuen Währungseinheit (Rentenmark; gültig seit 16. November);
  d) Propagierung einer Deckung (Grundschuld auf Grundbesitz, Handel, Industrie und Banken), die zwar weitgehend fiktiv war, aber im Zusammenhang mit dem gesamten Anti-Inflationsprogramm so viel Vertrauen einflößte, daß die Bevölkerung die Rentenmark annahm.

Augenzeugenbericht bei Schmid, a.a.O., S. 26, Q. 14

Geldumlauf Ende 1923: 500 Trillionen Mark der Reichsbank und 200 Trillionen Notgeld

G. Stresemann DVP

aus: Zeiten und Menschen, Bd. A4, S. 74

Auswirkungen

- Soziale Folgen:
  a) Steigende Arbeitslosigkeit;
  b) Verlust von Besitz und Geld, vor allem beim Bürgertum;
  c) riesige Gewinne von Schuldnern und Spekulanten;
  d) Proletarisierung eines Teils des Mittelstandes.

Vgl. hierzu A. Rosenberg: Schmid, a.a.O., S. 26, Q. 15

Aus 50 000 Goldmark (1914) wurde bis Nov. 1923 ein Kaufwert von 0,0005 Pfennigen

Dokument aus der Bauzeit des Walchensee-Kraftwerkes: *aus: Zeiten und Menschen, Bd. A4, S. 83*

Urkunde

Dieser Turm wurde gedeckt im Jahre 1923 während der Zeit vom Oktober bis November. Der Lohn zu dieser Zeit war, als das Dokument ausgefertigt wurde, für einen Spengler

120 Milliarden in der Stunde

Es kostete: Bier 1 Ltr. 80 Milliarden, Brot 1 Pfund 37 Milliarden, Fleisch 1 Pfund 200 Milliarden, Fett 1 Pfund 400 Milliarden, 1 Ei 15 Milliarden, Schuhe 1 Paar 3½ Billionen, 1 Anzug nach Maß 70 Billionen.

Unsere derzeitige Regierung bürgerlich. Putsche (Aufstände) alltäglich. Das arbeitende Volk verarmt. Trotz der hohen Löhne die Kleidung kaufen für den Arbeiter illusorisch.

Münchner Spengler der Firma Bustin in Kochel am See, am 15. November im Hungerjahr 1923, Altgeselle Georg Lenk aus München; Lorenz Leidl, Gehilfe; Hans Huber, Gehilfe.

Brotpreise: *aus: Zeiten und Menschen, Bd. A4, S. 83*

Dez. 1920:	2,37 Mark
Dez. 1921:	3,90 Mark
Dez. 1922:	163,15 Mark
Jan. 1923:	250,— Mark
März 1923:	463,— Mark
Juni 1923:	1428,— Mark
Aug. 1923:	69000,— Mark
Sept. 1923:	1512000,— Mark
Okt. 1923:	1743000000,— Mark
Nov. 1923:	201000000000,— Mark

Dollarnotierungen (im Monatsdurchschnitt) *aus: Zeiten und Menschen, Bd. K4/I, S. 56*

	Mark
Juli 1914	4,2
Januar 1919	8,9
Juli 1919	14,0
Januar 1920	64,8
Juli 1920	39,5
Januar 1921	64,9
Juli 1921	76,7
Januar 1922	191,8
Juli 1922	493,2
Januar 1923	17972,0
Juli 1923	353412,0
August 1923	4620455,0
September 1923	98860000,0
Oktober 1923	25260208000,0
15. November 1923	4200000000000,0

Die gesamten staatlichen Kriegsschulden von 154 Mrd. Mark besaßen am 15. 11. 1923 einen Wert (bezogen auf 1914) von 15,4 Pfennigen (zit. nach Maier/Müller, a.a.O., S. 89)

vgl. die Wahlen vom 4. 5. 1924, S. 106 u. 108

– Politische Folgen:
  a) Verschlechterung der inneren Situation Weimars;
  b) Radikalisierung des öffentlichen und politischen Lebens;
  c) Verkleinerung der demokratischen Basis, da vor allem bürgerliche Kreise ins andere Lager überwechseln;
  d) Angst vor Wiederholung und der Ruf nach dem „starken Mann“ bringen Zulauf für die Rechtsparteien.

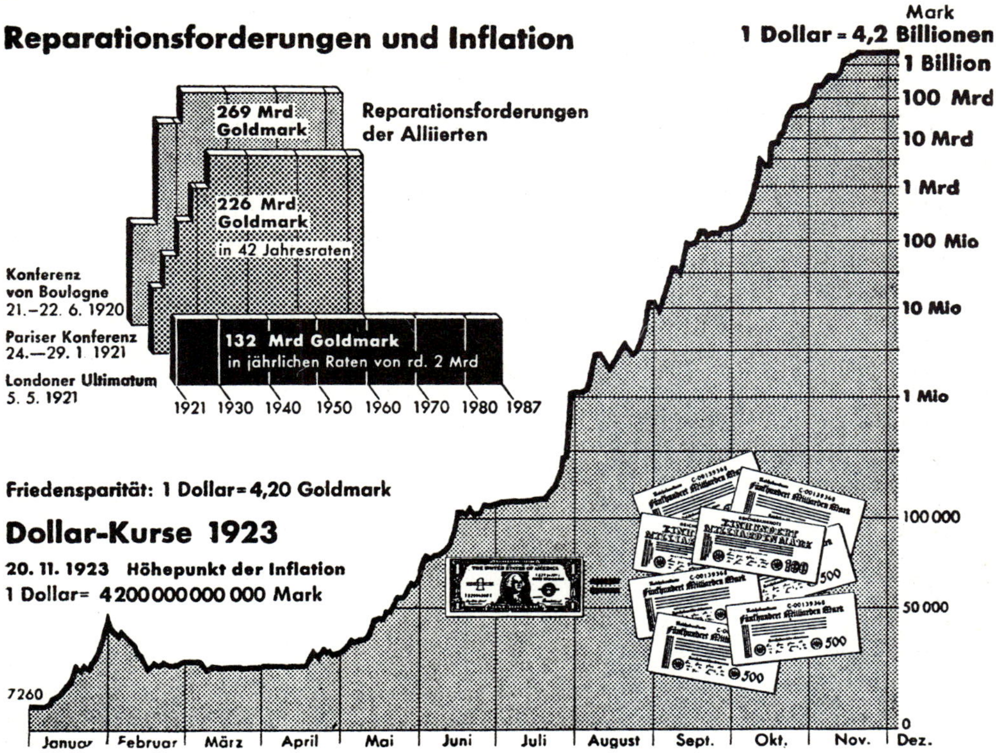

© Erich Schmidt Verlag (Zahlenbilder)

3 Der Separatismus

3.1 Die Entstehung separatistischer Bewegungen

Seit 1919 bestanden separatistische Bestrebungen, wenn auch in bescheidenem Umfang im Rheinland und in der Pfalz. Sie wurden von Frankreich unterstützt, das seinem zu Versailles nicht erreichten Maximalziel (der Rhein als Landesgrenze) nachtrauerte und nun wenigstens eine an Frankreich angelehnte Pufferzone zwischen beiden Ländern erreichen wollte.

1923 wurde der Separatismus durch den Ruhrkampf, vor allem aber durch die Inflation verstärkt und erhielt, wiederum kräftig unterstützt von Frankreich, neuen Auftrieb. Unter dem Schutz der Besatzungsmacht entstanden separatistische Bünde und Parteien, die sich bewaffneten, die demonstrierten und gelegentlich auch Rathäuser besetzten. Angesichts der Begleitumstände war die Einheit des Reichs gefährdet.

Proklamation!

Der Tag der rheinischen Freiheit ist angebrochen!

Die Rheinische Republik ist proklamiert.

Im Auftrage der vorläufigen Regierung haben wir die öffentliche Gewalt übernommen. Wir werden für Recht und Ordnung sorgen. Gehe jeder an seine Arbeit!

Die Lebensmittelversorgung ist reichlich sichergestellt!

Rhein. Währung folgt in Bälde!

Verordnungen der vorläufigen Regierung folgen.

aus: H. D. Schmid, Fragen an die Geschichte, Bd. 4, S. 27

Die Träger des Separatismus

Das Spektrum der Separatisten war sehr breit gefächert. Es reichte von asozialem Gesindel bis zu angesehenen Bürgern, von Sozialdemokraten bis zu Zentrumsangehörigen. Mit galoppierender Inflation und in der Hochphase des Ruhrkampfs bestand zudem die Gefahr, daß Industrielle den wirtschaftlichen und finanziellen Verlockungen einer von Frankreich geförderten unabhängigen Republik erliegen könnten.

Die Ziele

Dem breiten Spektrum entsprechend waren die Ziele der Separatisten da, wo sie über die Loslösung von Preußen (Rheinland) bzw. Bayern (Pfalz) hinausgingen, sehr unterschiedlich und meist verschwommen. Vom Reich selbst wollte man sich nirgends lösen, doch war unklar, wie die rechtliche Stellung zum Reich und seinen politischen Institutionen aussehen sollte.

Heiber, a.a.O., S. 153

Die Entwicklung

Im Oktober 1923, auf dem Höhepunkt der Inflation wurden schließlich, von der Besatzungsmacht protegiert, die „Rheinische Republik“ und die „Autonome Pfalz“ installiert. In beiden Fällen war der separatistischen Bewegung kein Erfolg beschieden, was bei der vergleichsweise geringen Zahl von Anhängern, dem breiten Spektrum der Beteiligten und den unterschiedlichen Interessen auch nicht anders zu erwarten war. Als es Stresemann gelang, die Währung zu stabilisieren, wurde dem Separatismus der Motor seiner Bewegung entzogen. Während die „Rheinische Republik“ bereits am 28. November erlosch, hielt sich die „Autonome Pfalz“ noch bis Februar 1924, ohne jedoch zu einer ernsthaften Bedrohung für die Reichseinheit werden zu können.

Dederke, a.a.O., S. 70ff.; Heiber, a.a.O., S. 139ff.

4 Der Hitlerputsch

4.1 Der gesamtpolitische Hintergrund

Vgl. hierzu die extreme Abqualifizierung der Republik durch Oswald Spengler (München, 1924): Soesemann, a.a.O., Nr. 25

Seit den Tagen der Münchner Räterepublik hatte sich Bayern immer mehr zu einer Sammelstelle rechtsgerichteter Kreise, Verbände und Parteien entwickelt, zur „Ordnungszelle des Reiches“, wie es in diesen Kreisen hieß. Bayern wurde zur Hochburg der Rechtsradikalen, in der nicht zufällig die NSDAP entstand. Den konkreten Anstoß für den Hitlerputsch gab der Eintritt der SPD in die Regierung Stresemann. Für diesen Fall hatte man dem neuen Regierungschef bereits „schwerste innenpolitische Folgen" angedroht. Nun beantwortete man in Bayern die Aufgabe des Ruhrkampfs, der „nationalen Ehrenpflicht" also, die „feige Kapitulation" durch die „Erfüllungspolitiker" mit dem Aufruf zum Kampf gegen die „Ruhrverräter". Der Zeitpunkt für eine Revolution von rechts schien günstig, der Ruf nach dem „starken Mann", nach dem „Sturm auf die Republik" war überall in Deutschland zu hören. Der geplante Putsch sollte den „marxistischen Saustall" in Berlin bereinigen. Wie dies am besten zu geschehen habe, macht die Parole „durch Bayern zum Reich" deutlich.

Generalnenner: „Das christliche, nationale Bayern gegen das verjudete, marxistische Berlin" (Heiber, a.a.O., S. 129)

4.2 Die bayerischen Voraussetzungen des Putsches

Heiber, a.a.O., S. 127ff., besonders S. 139ff.

Als die bayerische Regierung den Ausnahmezustand über Bayern verhängte und von Kahr zum Generalstaatskommissar ernannte, antwortete die Reichsregierung mit der Erklärung des Ausnahmezustands für das ganze Deutschland und übertrug die vollziehende Gewalt an den Reichswehrminister Gessler. Dieser delegierte sie entsprechend den Bestimmungen an die jeweiligen Wehrkreisbefehlshaber der Reichswehr. Damit wurde die Reichswehr einmal mehr zum entscheidenden Faktor der politischen Auseinandersetzung.

26. 9. 1923

Die Frage war, auf wessen Seite sich die Reichswehr schlagen würde. Die Position des Chefs der Heeresleitung, von Seeckt, wurde rasch deutlich. Als Ebert die Reichsexekution gegen Bayern verhängte, das den von ihm verordneten Ausnahmezustand für Bayern nicht anerkannte, da lehnte von Seeckt sie mit der allerdings zutreffenden Begründung ab, daß sie gegen das einheitliche und starke Bayern nicht durchführbar sei. Am 3. November verlangte er von Ebert die Übertragung der Diktaturgewalt (nach Art. 48), was eine Ausschaltung Gesslers bedeutet hätte. Als Ebert sein Ansinnen ablehnte, trug sich von Seeckt mit dem Gedanken eines Staatsstreichs, konspirierte mit dem ehemaligen bayrischen Ministerpräsidenten von Kahr und sicherte diesem die Nichteinsetzung der außerbayerischen Reichswehr gegen die dort stationierte zu. Die Ereignisse des 8./9. November beendeten seine Putschpläne.

vgl. hierzu sein Schreiben an Kahr (5. 11. 1923): Kampmann/Wiegand, a.a.O., S. 115, T. 1

Die Probleme spitzten sich zu als persönliche Angriffe auf den Reichspräsidenten und den Chef der Heeresleitung in Hitlers Parteizeitung „Der Völkische Beobachter" erschienen. Der Kommandeur der 7. Reichswehrdivision in Bayern, General von Lossow, erhielt den Befehl, das Blatt zu verbieten. Das Problem bestand nun darin, daß Lossow auch gleichzeitig Landeskommandant der (nicht der Reichswehr unterstehenden) bayerischen Wehrverbände war. Lossow führte den Befehl nicht aus, sondern delegierte ihn an Kahr, der die „nationale Bewegung" nicht durch ein Vorgehen gegen Hitler gefährden wollte. Da Lossow auch das militärische Vorgehen ablehnte, entließ ihn Ebert aus seinem Amt. Prompt setzte ihn Kahr wieder in sein Amt ein und nahm die 7. Reichswehrdivision „in Pflicht". Dies alles wurde begründet mit „der hehren Aufgabe, unserem deutschen Vaterland die innere Freiheit wiederzugeben".

Heiber, a.a.O., S. 142f.

4.3 Die Situation in Sachsen und Thüringen

„... Wir werden die Massen mobilisieren, mag der General [von Seeckt] noch so gut tanzen wie die Schwerindustrie, die Junker, die Spekulanten und Faschisten pfeifen." (Aufruf der KPD in Sachsen vom 26 10. 1923. Zit. nach Heinloth, a.a.O., S. 94)

In beiden Ländern hatten sich unter dem Eindruck von Inflation, Hunger und Arbeitslosigkeit SPD-Regierungen gebildet, die sehr weit links standen. Sie sahen die Zeit für eine sozialistische Revolution in Deutschland gekommen. Als sie Mitte Oktober Kommunisten in ihre Regierungen aufnahmen, bestand die Gefahr der Forcierung von Revolutionen durch Moskau. Als es am 22./23. Oktober in Hamburg zu einer nicht sehr sorgfältig geplanten Revolution kam, setzte Ebert Reichswehr gegen beide Länder ein. In Sachsen wurden die proletarischen Hundertschaften zwangsweise aufgelöst, die KPD verboten. Als die Regierung Zeigner nach einem Reichsultimatum nicht zurücktrat, wurde sie von der Reichswehr verhaftet und abgesetzt. Gleiches spielte sich in Thüringen eine Woche später ab, womit Anfang November die „bolschewistische Gefahr" beseitigt war. Die Auseinandersetzung konnte sich wieder auf Bayern konzentrieren.

Auffallend war zu diesem Zeitpunkt das sehr unterschiedliche Vorgehen des Reichspräsidenten gegenüber Bayern auf der einen und Sachsen/Thüringen auf der anderen Seite. Während die bayerische Regierung durchaus höflich um die Wiederherstellung der verfassungsmäßigen Ordnung gebeten worden war, erging es den Regierungen von Sachsen und Thüringen anders. Dieses recht unterschiedliche Verhalten veranlaßte die SPD zu einem Mißtrauensantrag gegen die Regierung Stresemann, die darüber stürzte. Für des Kanzlers Maßnahmen gegenüber den beiden Ländern spielten folgende Überlegungen eine Rolle:

23. 11. 1923

- Im Gegensatz zu Bayern war in Sachsen und Thüringen kein nennenswerter Widerstand zu erwarten, da es dort nur schwach bewaffnete Hundertschaften gab;
- beide Länder lagen Preußen und der Reichshauptstadt näher. Die Gefahr einer nach Berlin übergreifenden Revolution war größer;
- da es gegen links ging, konnte man sich der tatkräftigen Unterstützung der Reichswehr sicher sein;
- der Gefahr eines „Aufräumens" in beiden Ländern durch Lossows und Ehrhardts Truppen, die bereits auf Wunsch der bayerischen Regierung in Nordbayern aufmarschiert waren, mußte zuvorgekommen werden. Ein derartiges bayerisches Unternehmen hätte wie das lang erwartete Signal für alle Rechtsradikalen in Deutschland gewirkt;
- mit dem rigorosen Vorgehen gegen Sachsen und Thüringen verloren die „Nationalen" ihre wirksamste Propagandawaffe, die Behauptung nämlich, daß nur sie in der Lage seien, für Ruhe und Ordnung in Deutschland zu sorgen.

4.4 Der Marsch auf die Feldherrnhalle

Heiber, a.a.O., S. 146ff.

Als Folge des einseitigen Vorgehens gegen Sachsen und Thüringen verließ die SPD die Regierung Stresemann, die damit zum Scheitern verurteilt war. Nun hätte sich nach der Beseitigung der „bolschewistischen Gefahr" und des Austritts der SPD aus der Regierung eigentlich alles in Wohlgefallen auflösen können. Dagegen stand der feste Entschluß zweier Gruppen, die Republik trotz allem zu stürzen. Das bayerische Triumvirat Kahr-Lossow-Seisser (Chef der bayerischen Landespolizei) zögerte, weil es sich seines Erfolgs nicht völlig sicher war und wartete deshalb ab, was Seeckt in Berlin tun würde. Ein Zusammengehen mit der zweiten, von Hitler geführten Gruppe scheiterte an der Einschätzung Hitlers und seiner Methoden durch das Triumvirat. Bestenfalls wollte man ihn als Trommler, keinesfalls als Lenker.
Hitler dagegen drängte auf ein möglichst rasches Losschlagen, um die günstige Situation nicht verstreichen zu lassen. Diese Entwicklung erreichte ihren Höhepunkt mit den berühmt-berüchtigten Ereignissen des Bürgerbräukellers am Abend des 8. November. Hitler erzwang sich mit Waffengewalt Zugang zu einer dort stattfindenden Demonstration gegen den Marxismus. Nachdem er sich durch einen Pistolenschuß in die Decke Gehör verschafft hatte, setzte er im Nebenzimmer durch unverhüllte Drohungen das Triumvirat Kahr-Lossow-Seisser so unter Druck, daß sie sich bereit

5. Jahrestag der Revolution

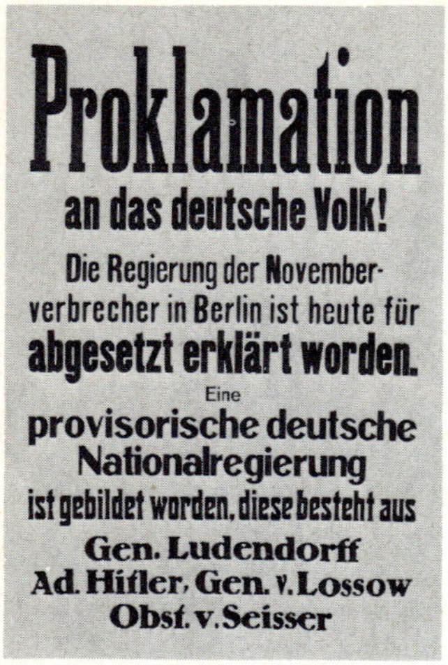

aus: Zeiten und Menschen, Bd. K4/I, S. 55

erklärten, auf seiner Seite zusammen mit Ludendorff mitzumachen. In einer ad hoc erarbeiteten „Proklamation an das deutsche Volk“ setzte man die „Regierung der Novemberverbrecher in Berlin“ und gleichzeitig auch die bayerische ab und rief die „provisorische deutsche Nationalregierung“ aus. Sie bestand aus Ludendorff, Hitler, Lossow und Seisser. Kahr sollte als bayerischer Statthalter des Hauses Wittelsbach fungieren.

Nun, im Gefühl des sicheren Sieges, machte Hitler den entscheidenden Fehler: Er entließ seine Mitkämpfer, die sich prompt von ihm lossagten und Gegenmaßnahmen vorbereiteten. Am folgenden Tag organisierte Ludendorff einen Demonstrationszug zur Feldherrnhalle, der die sympathisierende Münchner Bevölkerung endgültig zur nationalen Revolution aufstacheln sollte. Die von Seisser befehligte Landespolizei riegelte das Regierungsviertel sofort ab, stoppte den Zug mit Waffengewalt, löst ihn auf und verhaftete Hitler. Ludendorff gelang die Flucht, Hitler wurde vor dem Münchner Volksgerichtshof des Hochverrats angeklagt, was eigentlich Sache des Leipziger Staatsgerichtshofs gewesen wäre. Milde und verständige Richter verurteilten ihn zur Mindeststrafe von 5 Jahren, von denen er nur 9 Monate in der Festung Landsberg am Lech absitzen mußte. In „angenehmer Atmosphäre“ entstand dort sein Buch „Mein Kampf“.

Hitler über seine Haftbedingungen

VII Das Problem der Reparationen

Heiber, a.a.O., S. 91 ff.; Schmid, a.a.O., S. 28 f., T. 10

1 Der Kampf um die Reparationsbedingungen

Von Anfang an maßen die Alliierten den Reparationen größte Bedeutung bei, ging es dabei doch um kompakte nationale Interessen. Dies hatte zur Folge, daß es bei keiner anderen Bestimmung des Versailler Vertrags zu einer derartigen Verzögerung und zu so massivem Streit zwischen Sieger und Besiegten, aber auch unter den Siegern selbst kam.

Die Konzeption des amerikanischen Präsidenten, Reparationen für Schäden aus internationalem Rechtsbruch und für Schäden an der Zivilbevölkerung zu verlangen, erwies sich als völlig verfehlt. Schließlich opferte er sie wohl oder übel seiner Lieblingsidee, dem Völkerbund, der ohne Großbritannien und Frankreich nicht denkbar gewesen wäre. Aus diesem Grunde setzte sich Frankreich mit seinen Maximalforderungen durch und erreichte, daß auch Trennungszulagen und die Pensionen der Soldaten in die Reparationszahlungen aufgenommen wurden. Damit war es Frankreich gelungen, die Reparationen in unerfüllbare Höhen zu schrauben. Entscheidend daran war weniger die exakte Höhe der Zahlungen, sondern vielmehr die Tatsache, daß sich Frankreich nun eine rechtliche Grundlage geschaffen hatte, die es ihm ermöglichte, nahezu jederzeit gegen Deutschland vorzugehen. Da über das ganze Paket der Reparationen keine Einigung erzielt werden konnte, wurde als Endtermin das Jahr 1921 festgelegt. Bis dahin sollte Deutschland 20 Mrd. Goldmark zahlen.

Großbritannien hätte in diesem Fall überhaupt keine Reparationen erhalten

2 Die Reparationskonferenzen: Bestimmungen, Pläne, Auswirkungen

2.1 Spa

Juli 1919

Der Verteilerschlüssel wird festgelegt. Danach erhält Frankreich 52%, Großbritannien 22%, Italien 10%, Belgien 8% und ebenso viel die restlichen Gewinner.

Juni 1920

2.2 Boulogne

Die beiden Beteiligten, Großbritannien und Frankreich einigen sich auf die völlig unrealistische Summe von 269 Mrd. Goldmark, die Deutschland zahlen soll.

Jan. 1921

2.3 Paris

Hier wurden die ersten konkreten, wenn auch nicht verbindlichen Beschlüsse gefaßt. Die von Deutschland zu zahlende Gesamtsumme wurde auf 226 Mrd. Goldmark festgesetzt, zahlbar in 42 Jahresraten von 2–6 Mrd./Jahr zuzüglich 12% des Werts der deutschen Ausfuhr.

Beginn März 1921

2.4 London

Deutschland bietet den Alliierten 30 Mrd. Goldmark Entschädigung an. Dieses Angebot war ebenso unrealistisch wie die Forderungen der Alliierten. Folgerichtig entwickelte sich der weitere Verlauf der Konferenz. Auf ein Ultimatum der Alliierten folgte die prompte Ablehnung durch die deutsche Delegation. Daraufhin besetzten die Sieger Düsseldorf, Duisburg und Ruhrort und beschlagnahmten die dortigen Reichseinnahmen. Die deutsche Delegation verließ daraufhin die Konferenz und wurde wegen ihrer tapferer Haltung daheim mit Begeisterung empfangen.
Noch im selben Monat setzte die Reparationskommission, nun ohne die Deutschen, die Höhe der deutschen Zahlungen verbindlich auf 132 Mrd. Goldmark, zahlbar in 57 Jahren, fest. Ein erneutes auf sechs Tage befristetes Ultimatum, gekoppelt mit der Drohung, bei Nichtannahme das Ruhrgebiet zu besetzen, verschlechterte die Lage erneut, zumal die Abstimmung in Oberschlesien und der als ungerecht betrachtete Verlust des östlichen Teils die Enttäuschung und Verbitterung in allen Parteien Deutschlands und im ganzen Volk auf die Spitze getrieben hatte. Kanzler Fehrenbach trat am 3. Mai zurück und zum zweiten Male mußte die Weimarer Koalition unter dem neuen Kanzler Wirth (Z) die Kastanien aus dem Feuer holen. Anstelle der ausscheidenden DVP trat die SPD wieder in die Regierung ein.
Unbeirrt von der nationalen Erbitterung, der Wut und dem Haß, mit dem sie überschüttet wurden, gingen die führenden Politiker, neben Wirth vor allem dessen Außenminister Walter Rathenau, davon aus, daß man das Ultimatum akzeptieren und den Siegern deutlich machen müsse, daß ihre Forderungen unerfüllbar seien.

J. Wirth (Zentrum)

aus: Zeiten und Menschen, Bd. A4, S. 74

2.5 Rapallo

s. S. 69

Nachdem der alliierte Wirtschaftsplan am deutsch-sowjetischen Vertrag gescheitert war, deutete Poincaré ein eigenmächtiges Vorgehen gegen Deutschland an, das mit dem Schlagwort der „produktiven Pfänder" (vor allem im Ruhrgebiet) charakterisiert wurde. Die direkte Folge dieses Vorgehens war die Besetzung des Ruhrgebiets.

2.6 Der Dawes-Plan

Heiber, a.a.O., S. 157 ff.; Dederke, a.a.O., S. 161 ff.

Erstmalig verhandelte eine Sachverständigenkommission unter Leitung des amerikanischen Wirtschaftsexperten Dawes in London über die Reparationen, was die Einstellung Großbritanniens und der USA gegenüber den französischen Forderungen deutlich macht. Folgende Bestimmungen wurden getroffen:

Juli/August 1924

Vgl. hierzu Heiber, a.a.O., S. 107

Tatsächlich erhielt Deutschland bis 1930 mit Krediten von ca. 14 Mrd. Goldmark die doppelte Summe der bisher gezahlten Reparationen als Kredite.

- Deutschland soll bis an die Grenze seiner Leistungsfähigkeit gehen;
- als Voraussetzung dafür muß die deutsche Wirtschaft wiederhergestellt werden, sie darf nicht durch Sanktionen behindert werden;
- Sanktionen können nicht mehr von einer Nation allein verhängt werden;
- Deutschland erhält zum wirtschaftlichen Aufbau und zur Stabilisierung seiner Finanzen einen amerikanischen Kredit in Höhe von 800 Mio. Goldmark;
- die Industrie wird mit einer Schuldverschreibung von 16 Mrd. Goldmark belastet;
- Zölle und indirekte Steuern werden gepfändet;
- die Reichsbahn wird privatisiert und für Reparationszahlungen benutzt;
- die Reichsbank soll in eine regierungsunabhängige Institution umgewandelt und vom Ausland kontrolliert werden;
- die endgültige Höhe und die Dauer der zu zahlenden Reparationen werden nicht festgelegt;
- das Amt eines Generalagenten für Reparationen, Sitz in Berlin, wird geschaffen, der die Zahlungen überwacht.

Als Folge dieses Plans, der am 30. August vom RT angenommen wurde, lockerte Frankreich die Ruhrbesetzung. Die alliierte Reparationskommission konstatierte, ganz im deutschen Sinne, im Oktober die wirtschaftliche und fiskalische Einheit Deutschlands.

Februar–Juni 1929 Paris

2.7 Der Young-Plan

Heiber, a.a.O., S. 198 ff.; Dederke a.a.O., S. 185 f.

Die Fronten waren von Anfang an verhärtet, da die Amerikaner kategorisch jegliche Zahlungsnachlässe ablehnten und die Deutschen, die erstmalig gleichberechtigt beteiligt waren, ihre niedrigen Angebote mit völlig illusorischen Forderungen verknüpften;

- die USA verlangten Annuitäten (jährliche Zahlungsraten), die für 59 Jahre von 1,8 bis 2,4 Mrd. steigen sollten;
- insgesamt sollten 116 Mrd. Mark aufgebracht werden;

7. 6. 1929

- nach heftigem Streit wurde schließlich die Kompromißlösung des Vorsitzenden Owen Young (USA) angenommen, die im Grunde kaum Veränderungen der amerikanischen Grundforderungen enthielt. Zwar wurde die Progression der Annuitäten in den ersten Jahren etwas gemildert, doch blieben sowohl Laufzeit (59 Jahre), als auch die Gesamtsumme, die sich auf 116 Mrd. Goldmark belaufen sollte;
- über die deutschen Forderungen (z. B. Rückgabe der Kolonien und des polnischen Korridors) wurde nicht gesprochen, allerdings sollte das Ruhrgebiet innerhalb eines Jahres geräumt werden.

Dieses Plakat, das die ganze Höhe einer Litfaßsäule überdeckt, diente sieben Jahre nach Rathenaus Ermordung der nationalsozialistischen Agitation gegen den Young-Plan

2.8 Die innenpolitischen Auswirkungen des Young-Plans

Abgesehen von den finanziellen Bestimmungen hatte Stresemann große politische Zugeständnisse erreicht: Keine fremden Kontrollen mehr im Reich und Abzug aller fremden Truppen. Trotzdem forderte der Young-Plan die Reaktion der Rechtskreise in einem Umfang und in einer Schärfe heraus, wie dies nur bei der Annahme des Versailler Vertrags der Fall gewesen war. Sie geißelten die Abhängigkeit der Kinder und Kindeskinder durch das „Joch der Youngsklaverei“. Alle nationalen Kreise waren sich, ungeachtet ihrer sonstigen Gegensätze, in der wütenden Ablehnung und der einhelligen Verdammung des Plans einig. Dieser Konsens ergab sich aus der Tatsache, daß der Young-Plan für sie ein Synonym für den „Versailler Schmachfrieden“, das „System der Novemberverbrecher“ und der „feigen Erfüllungspolitiker“ war. Insofern bot ihnen der Young-Plan nach Jahren relativer innerer Ruhe die Chance, ein alle Republikfeinde integrierendes Feindbild aufzubauen. Es fand seine Auswirkungen in dem von Hitler initiierten Volksbegehren gegen den Young-Plan, das völlig unrealistische und zudem demagogische Forderungen enthielt:

§ 1: Die Reichsregierung soll die Kriegsschuldlüge widerrufen.

§ 2: Die Regierung soll auf die Außerkraftsetzung des Artikel 231 des Versailler Vertrags hinwirken und auf die unverzügliche und bedingungslose Räumung der besetzten Gebiete.

§ 3: Es dürfen keine neuen Lasten und Verpflichtungen übernommen werden, insbesondere nicht die des Young-Plans.

§ 4: Regierungsmitglieder, die gegen § 3 verstoßen, sollen wegen Landesverrats verurteilt werden.

Aufruf zum Volksbegehren gegen den Young-Plan (30. 11. 1929)

aus: Zeiten und Menschen, Bd. K4/I, S. 55

Das Volksbegehren schaffte Ende September 1929 gerade noch die 10%-Hürde, wurde dann aber im RT mit großer Mehrheit abgelehnt. Der endgültige Volksentscheid ging für den Initiator kläglich aus: Statt der notwendigen 21 Mio. Stimmen erhielt er nur 5,8 Mio.

2.9 Das Hoover-Moratorium

Beginn August 1931

Auf dem Höhepunkt der Weltwirtschaftskrise setzte der amerikanische Präsident Hoover einen einjährigen Zahlungsaufschub (Moratorium) für Deutschland durch.

2.10 Lausanne

Juli 1932

Die noch zu zahlenden Reparationen werden auf 3 Mrd. Rentenmark festgesetzt.

2. November

1934 werden die Zahlungen endgültig eingestellt. Damit beliefen sich die gesamten Reparationszahlungen, die Deutschland geleistet hatte, auf 12,7 Mrd. Mark. Hinzuzurechnen sind jedoch noch unterschiedlich bewertete Sachleistungen, so daß die gesamten Reparationsleistungen von Deutschland mit 53 Mrd., von den Alliierten mit 20 Mrd. Mark errechnet wurden.

Militärische Gleichberechtigung, Räumung des Rheinlands

Ebenso wie die anderen von ihm vorbereiteten außenpolitischen Erfolge fiel auch dieser nicht Brüning, sondern seinen Nachfolgern in den Schoß.

VIII Die Außenpolitik der Weimarer Republik

Dederke, a.a.O., S. 159ff.

1 Bedingungsfaktoren der deutschen Außenpolitik 1919–1933

Die Außenpolitik der Weimarer Republik ist durch eine erstaunliche Kontinuität gekennzeichnet, auch wenn dies aufgrund des Pendelns zwischen Ost- und Westorientierung (Rapallo, Locarno, Berliner Vertrag) auf den ersten Blick nicht deutlich wird. Ausschlaggebend für diese Kontinuität sind einige Bedingungsfaktoren, die die Außenpolitik dieser Zeit bestimmen:

Westpreußen, Posen, östliches Oberschlesien, s. S. 39

- Die übergeordneten und langfristigen Ziele aller Regierungen zwischen 1919 und 1933 bestanden in der Rückgewinnung der politischen Stärke Deutschlands, in der Revision des Versailler Vertrags, vor allem in der Rückgewinnung der „urdeutschen" Gebiete und der damit verbundenen Korrektur des „unerträglichen" polnischen Korridors;
- bei der Erreichung dieser (übergeordneten und langfristigen) Ziele mußten bestimmte Faktoren berücksichtigt werden:
  a) Die Isolierung Deutschlands durch den Krieg bzw. den Versailler Vertrag;
  b) die Feindschaft Frankreichs, sein nahezu hysterisches Sicherheitsbedürfnis gegenüber Deutschland;
  c) die Entstehung des politisch-gesellschaftlichen Gegensatzes zwischen der Sowjetunion und den Westmächten;
- im wesentlichen boten sich zwei Wege zur Erreichung der Ziele an:
  a) Die Gewinnung eines oder mehrerer Bündnispartner zur Durchbrechung der außenpolitischen Isolation;
  b) die Aussöhnung mit Großbritannien und besonders mit Frankreich, dem dafür ausreichende Sicherheitsgarantien gegeben werden mußten.

2 Der Vertrag von Rapallo

2.1 Das Verhältnis Deutschlands zur Sowjetunion

Heiber, a.a.O., S. 103f.

s. S. 105 und S. 107

Mit dem zweiten Kabinett Wirth trat der bis dahin latent vorhandene revisionistische Zug der deutschen Außenpolitik verstärkt zu Tage. Als man daran ging, die außenpolitische Isolation zu durchbrechen, bot sich aus verschiedenen Gründen als einziger Bündnispartner die Sowjetunion an. Das Verhältnis der beiden Staaten zueinander war zwiespältig und entwickelte sich auch in der Folgezeit zweigleisig (offizielle Vertragspolitik einerseits, inoffizielle Unterstützung der kommunistischen Umsturzversuche in Deutschland andererseits). Trotz der großen gesellschaftlichen, politischen, ideologischen Gegensätze versprachen sich beide Partner außenpolitischen, wirtschaftlichen und militärischen Nutzen. In der konkreten Situation der beginnenden zwanziger Jahre überwogen die Gemeinsamkeiten: Isolation, Opposition gegenüber den westlichen Siegermächten und die (traditionelle) Beute Polen. Zudem sah man in der Sowjetunion die wirtschaftlich-technologischen Gewinne, in Deutschland die Chance, wesentliche Bestimmungen des Versailler Vertrags zu umgehen. So war es neben der Schwerindustrie paradoxerweise gerade die antikommunistische Reichswehrführung, die ein deutsch-sowjetisches Zusammengehen forcierte.

So erklärte von Seeckt 1921, das künftige Verhältnis zu dem östlichen Nachbarn bestimme die Geschicke des Reichs.

Die Ereignisse des Jahres 1921 bewirkten, daß sowohl Kanzler Wirth als auch sein Außenminister Rathenau auf die neue außenpolitische Linie der deutsch-sowjetischen Verständigung einschwenkten. Damit waren die Voraussetzungen für den Vertrag von Rapallo geschaffen.

Sanktionen an Rhein und Ruhr; Verlust des östlichen Oberschlesien; überzogene Reparationsforderungen.

2.2 Der Rapallo-Vertrag

Heiber, a.a.O., S. 104ff.

Den Anstoß gab ein vom britischen Premier Lloyd George im Winter 1921 unterbreiteter Vorschlag. Er sah die Gründung eines internationalen Finanz- und Wirtschaftskonsortiums vor, das den wirtschaftlichen Aufbau Ost- und Mitteleuropas vorantreiben sollte. Hinter diesem Plan stand jedoch die Absicht Englands und Frankreichs, die Wirtschaftshilfe für die Sowjetunion von wachsenden politischen Zugeständnissen abhängig zu machen, um auf diese Weise Einfluß auf den kommunistischen Staat nehmen zu können. Auf dem Weg zur Konferenz, die Mitte April 1922 in Genua

Konsortium: Vorübergehende Vereinigung von Unternehmen zur Durchführung von Geschäften, die mit dem Einsatz großer Kapitalien und mit erheblichem Risiko verbunden sind.

stattfinden sollte, machte der sowjetische Außenminister Tschitscherin in Berlin Station und fixierte im wesentlichen mit seinem Amtskollegen Rathenau die später als Rapallo-Vertrag bezeichneten Abmachungen.

Rapallo: Vorort von Genua

Während der Konferenz, zu der zum ersten Male die Sowjetunion und auch Deutschland eingeladen worden waren, traten die beiden Außenminister mit dem Rapallo-Vertrag an die Öffentlichkeit. Er enthält folgende Bestimmungen:

16. 4. 1922

Text: Kampmann/Wiegand, a.a.O., S. 126

- Beide Mächte stellen keine Forderungen aneinander, die sich aus dem Krieg ergeben;
- sie intensivieren ihre Handelsbeziehungen;
- sie nehmen diplomatische und konsularische Beziehungen auf;
- bei einer grundsätzlichen Regelung wirtschaftlicher Fragen auf internationaler Ebene werden beide zuvor ihre Gedanken austauschen.

2.3 Die Bedeutung des Rapallo-Vertrags

Die Verkündigung des Vertrags schlug wie eine Bombe ein, da er die westlichen Alliierten in der Weltöffentlichkeit brüskierte und zudem ihr Projekt zum Scheitern brachte. Vor allem die französischen Ängste und Befürchtungen erhielten durch diesen Schock wieder Nahrung, was einen aggressiven außenpolitischen Kurs der Regierung Poincaré zur Folge hatte.

„Es liegt auf der Hand, daß ganz Deutschland . . . darin den ersten Schritt zu einer Annäherung an Rußland sieht, die ihm helfen soll, die Westmächte in Schach zu halten und seine Revanche vorzubereiten." (Poincaré zum Rapallo-Vertrag am 2. 5. 1922. Zit. nach Schmid, a.a.O., S. 31, Q.28)

„Polens Existenz ist unerträglich . . . Es muß verschwinden . . . Mit Polen fällt eine der stärksten Stützen des Versailler Friedens, die Vormachtstellung Frankreichs." (Von Seeckt am 11. 9. 1922 an den Kanzler. Zit. nach Schmid, a.a.O., S. 31, Q.29)

Den Stellenwert des Vertrags machte der erste deutsche Botschafter in Moskau, Baron von Brockdorff-Rantzau deutlich, als er erklärte, das Problem Polen müsse nun erledigt werden. So gelte der Rapallo-Vertrag. Er sah sich darin einig mit Seeckt, der freudig feststellte, daß nun die Voraussetzungen geschaffen seien, um Polen von der Landkarte zu streichen und die Grenzen von 1914 wieder herzustellen.

Die Sowjetunion maß dem Vertrag eine so große Bedeutung zu, daß sie ihn als Modellvertrag für künftige Beziehungen zu den kapitalistischen Staaten bezeichnete.

Aus heutiger Sicht wird der Vertrag objektiver beurteilt, seine Bedeutung und seine Auswirkungen relativiert. In der Fachliteratur wird darauf hingewiesen, daß er kein günstiges Klima zerstört habe. Ein Entgegenkommen der Alliierten gegenüber der Sowjetunion oder Deutschland war nicht zu sehen. Auch die Überinterpretation des Vertrags als „Sieg der Revisionspolitik" ist der Feststellung gewichen, daß der Vertrag eher als ein Normal- oder Liquidationsvertrag (Auflassung möglicher Ansprüche aus dem Krieg) denn als Ausgangspunkt einer endgültigen Ostorientierung zu sehen ist. In Wirklichkeit entschied der Vertrag, wie Locarno zeigt, nichts; er kann deshalb nicht als entscheidender Wendepunkt im Sinne einer Ostorientierung gesehen werden. Daß dies so war, lag in erster Linie an der sechsjährigen Tätigkeit Stresemanns als Außenminister, der es verstand, die Ostorientierung mit der Westorientierung zu verbinden.

3 Die Locarno-Verträge

3.1 Die Grundlagen und Prinzipien der Außenpolitik Gustav Stresemanns

Bei Stresemann dominierten immer nationale bzw. nationalistische Absichten. Er war kein Demokrat aus Überzeugung. Nationalistische Außenpolitik zu betreiben, war für ihn natürlich. Deshalb muß auch Stresemann in die Reihe der Revisionspolitiker eingereiht werden. Was ihn jedoch von den meisten der deutschen Politiker dieser Zeit unterscheidet, ist die Einsicht, daß eine aggressive, offen zur Schau getragene nationalistische Revisionspolitik nicht zum Ziele führen kann. Ihn unterscheiden also nicht seine langfristigen Ziele, sondern die Mittel und Methoden seiner Politik von seinen nationalistischen Gegnern in der DNVP und der NSDAP. Auch er will die Revision des Versailler Vertrags; dies kann jedoch für ihn nur ein langfristiger Prozeß sein, für den klare Prioritäten gesetzt werden müssen. Ausschlaggebend für das Erreichen der Ziele im Osten ist die Aussöhnung mit dem Westen, vor allem die Befriedigung Frankreichs durch ausreichende Sicherheitsgarantien.

In einem Brief an den ehemaligen deutschen Kronprinzen bezeichnet Stresemann am 7. 9. 1925 (!) als dritte große Aufgabe der deutschen Außenpolitik die Korrektur der Ostgrenzen. Text: Kampmann/Wiegand, a.a.O., S. 127, T. 3 und Schmid, a.a.O., S. 3, Q. 24

3.2 Die Voraussetzungen der Locarno-Verträge

Dederke, a.a.O., S. 163f.

Der Höhepunkt seiner Außenpolitik, die auf schrittweise Rückgewinnung der außenpolitischen Manövrierfähigkeit ausgerichtet war, bilden die Verträge von Locarno, die auf seine Initiative zurückgehen. Der Zeitpunkt hierfür ist erstaunlich und macht die Zielstrebigkeit seines Vorgehens deutlich. Die außenpolitische Lage zu Beginn des Jahres 1925 war alles andere als günstig:

- Obwohl die „Kölner Zone“ des besetzten Rheinland den Bestimmungen des Versailler Vertrags entsprechend hätte

geräumt werden müssen, zog Frankreich wegen (angeblicher) deutscher Verletzungen des Vertrags seine Truppen nicht ab;
- der Rapallo-Vertrag hatte zu einer Verschärfung des Verhältnisses zu den Alliierten geführt, was auch jetzt noch deren Deutschlandpolitik beeinflußte;
- die USA hatten die im Dawes-Plan zugesagte Anleihe von einem Sicherheitsvertrag abhängig gemacht und dadurch die deutsche Außenpolitik unter Druck gesetzt.

In dieser Situation machte Stresemann den Vorschlag, Deutschland könne sich mit einem Vertrag einverstanden erklären, in dem sich die am Rhein interessierten Mächte, vor allem Frankreich, Großbritannien, Italien und Deutschland gegenüber den USA feierlich verpflichten, keinen Krieg gegeneinander zu führen. Weiterhin sei für Deutschland ein Pakt annehmbar, der ausdrücklich den gegenwärtigen Besitzstand am Rhein garantiere.
Im Ausland erschien dieses Angebot als die Quadratur des Kreises, da es Frankreich Sicherheitsgarantien bezüglich Elsaß-Lothringen gab und es zudem Großbritannien ermöglichte, einem Pakt beizutreten, ohne sich engagieren zu müssen. Trotzdem zögerte Frankreich, da es durch britische Schutzgarantien für Polen gerne der deutschen Revision Grenzen gesetzt hätte. Da Großbritannien sich weigerte, sich in einen osteuropäischen Konflikt hineinziehen zu lassen, überzeugte schließlich der französische Außenminister Aristide Briand seinen Regierungschef, das Angebot anzunehmen, da sonst Deutschland unweigerlich in die Arme der Sowjetunion getrieben werde.

Dederke, a.a.O., S. 165

3.3 Die Locarno-Verträge

Die Atmosphäre der am 5. Oktober 1925 beginnenden Gespräche war nach Jahren großer Feindseligkeit und barscher Ablehnung geprägt von Herzlichkeit und auffallender Kompromißbereitschaft, was nicht zuletzt auf das gute persönliche Verhältnis von Briand und Stresemann zurückzuführen ist. Am 16. Oktober wurden folgende Verträge bzw. Abkommen unterzeichnet:

Wesentliche Passagen des Vertrags bei Schmid, a.a.O., S. 29, Q.20

1. Der Sicherheits-, Rhein- oder Westpakt, in dem Frankreich, Großbritannien, Belgien, Italien und Deutschland den territorialen Status quo der französischen und belgischen Ostgrenze garantieren, wie sie durch den Versailler Vertrag festgelegt wurde.

2. Ein Schiedsabkommen zwischen Deutschland und Frankreich.
3. Ein Schiedsabkommen zwischen Deutschland und Belgien.
4. Ein Schiedsvertrag zwischen Deutschland und Polen.
5. Ein Schiedsvertrag zwischen Deutschland und der CSR. Die beiden Schiedsverträge mit den östlichen Nachbarn beinhalteten die friedliche Regelung aller Streitfragen, keine gewaltsamen Grenzveränderungen im Osten. Sie bedeuteten jedoch keine vertragliche Fixierung der Ostgrenzen.

Entscheidend an den Schiedsverträgen war, daß sie keine Anwendung finden sollten „auf Streitfragen, die aus Tatsachen entsprungen sind, die zeitlich vor diesem Abkommen liegen und der Vergangenheit angehören".

Zit. nach Dederke, a.a.O., S. 165

Dies bedeutete in der Praxis, daß sich Deutschland eine Revision der Ostgrenzen offengehalten hatte. Dokumentiert wurde dieser Anspruch durch den unterschiedlichen rechtlichen Gehalt der Verträge mit den westlichen und östlichen Vertragspartnern und durch den zeitlichen Vorbehalt, der die Schiedsverträge nicht auf die durch den Versailler Vertrag verlorenen Ostgebiete bezog.

Grenzgarantien und Schiedsabkommen

3.4 Die Aufnahme der Verträge im Ausland

Die französischen Bedenken gegenüber dem deutschen Vertragspartner waren auch durch die Locarno-Verträge nicht beseitigt. Dies macht die etwas bange Feststellung Briands deutlich, daß mit Locarno eine neue Epoche anfangen müsse, sonst sei alles nur eine leere Geste gewesen. Immerhin sah sich Frankreich nun veranlaßt, 1926 die Kölner Zone zu räumen.

In Großbritannien standen dagegen die deutschen Gewinne im Vordergrund. So notierte der britische Botschafter in Berlin, Lord d'Abernon, am Tage der Unterzeichnung, der Locarno-Vertrag (gemeint ist der Westpakt) bringe Deutschland gewaltige Vorteile: Die Gleichstellung mit den anderen Großmächten, das Verschwinden der Kriegskonstellation und der Kriegspsychose und den Schutz gegen eine französische Invasion. Der Vertrag sei die Dokumentierung eines grundlegenden Umschwungs.

Schmid, a.a.O., S. 30, Q.22

3.5 Die Aufnahme in Deutschland

Dederke, a.a.O., S. 166

vgl. die Stellungnahmen der SPD, DNVP, KPD und DVP zum Vertrag in der Reichstagsdebatte vom 24. 11. 1925: Schmid, a.a.O., S. 29, Q.21

27. 11. 1929

„Die Suppe von Locarno ist mir vor meinem Amtsantritt durch Herrn Stresemann eingebrockt worden." (Hindenburg, zit. nach Binder, a.a.O., S. 340)

Hier wurde Stresemanns Politik nur von wenigen verstanden. Der Vertrag wurde vielmehr von den rechten Kreisen als zweites Versailles angesehen, als Verrat deutscher Interessen, und als hemmungsloses Erfüllen gegnerischer Forderungen gegeißelt. Als nach erbitterten Debatten die Verträge schließlich im RT mit 292 zu 174 Stimmen angenommen wurden, da trat die DNVP aus der Regierung aus und auch Stresemanns eigene Partei, die DVP, spaltete sich. Die nationalen Kreise sahen im Vertrag den direkten Verzicht auf die Gebiete im Westen und den indirekten auf die im Osten und insgesamt die schriftlich fixierte Ohnmacht Deutschlands.

Plakat der DNVP zu den Reichstagswahlen am 20. Mai 1928

4 Die Aufnahme Deutschlands in den Völkerbund

Auch die im Westpakt vereinbarte Aufnahme Deutschlands in den Völkerbund stieß im deutschen Volk auf wenig Verständnis. Zum einen war der Völkerbund unbeliebt, weil man sich von Wilson, als dessen Instrument er angesehen wurde, betrogen fühlte. Zum anderen, weil die im Völkerbund beschlossene Abtretung des östlichen Oberschlesien auch nach fünf Jahren noch nicht vergessen war. Aus diesen Gründen befürworteten den Eintritt in den Völkerbund neben pazifistischen Kreisen nur die SPD und die DDP. Auch die Regierung Luther zeigte sich reserviert, weil mit den USA und der Sowjetunion zwei wichtige Staaten nicht vertreten waren. England und Frankreich dagegen sahen in der Mitgliedschaft Deutschlands eine zusätzliche Garantie für die Locarno-Verträge. Auf die Aufforderung Großbritanniens und Frankreichs hin, stellte Stresemann schließlich im Februar 1926 den Aufnahmeantrag. Er verknüpfte ihn mit der Bedingung, daß Deutschland einen ständigen Sitz erhalte und damit den anderen führenden Staaten gleichgestellt werde.

5 Der Berliner Vertrag

5.1 Zustandekommen und Inhalt

Heiber, a.a.O., S. 180f.; Dederke, a.a.O., S. 168ff.

Die Friedensoffensive Stresemanns, die Locarno-Verträge und der Eintritt in den von der Sowjetunion als kapitalistische Verschwörung gegen den Kommunismus angesehenen Völkerbund betrachtete die Sowjetunion als Aufgabe der Rapallopolitik. In der Tat hatten sich die Beziehungen zwischen beiden Staaten seit 1922 merklich abgekühlt, so daß die Sowjetunion nun eine erneute Isolation fürchtete. Da ihr Außenminister Tschitscherin Stresemann nicht von seiner Locarnopolitik abbringen konnte, strebte er wenigstens einen militärischen Neutralitätsvertrag mit Deutschland an. Da Stresemanns langfristiges Ziel Nummer eins immer noch die Revision der Ostgrenzen war, führten die sowjetischen Bemühungen schließlich zu dem sogenannten Berliner Vertrag. Er setzt die zu Rapallo eingeschlagene Linie fort: Verständigung über politische und wirtschaftliche Fragen, Neutralität eines Partners, wenn der andere von einem dritten angegriffen wird.

24. 4. 1926

Text: Kampmann/Wiegand, a.a.O., S. 126f.; Schmid, a.a.O., S. 31, Q. 31

5.2 Die Bedeutung des Berliner Vertrags

Er fand in Deutschland großen Anklang, da er trotz der allgemeinen antikommunistischen Grundhaltung als ein gegen Polen gerichtetes Zweckbündnis angesehen wurde. Er muß jedoch auch als Teil der Stresemannschen Gleichgewichtspolitik betrachtet werden. Der deutsche Außenminister wollte sich weder für Ost noch für West definitiv entschei-

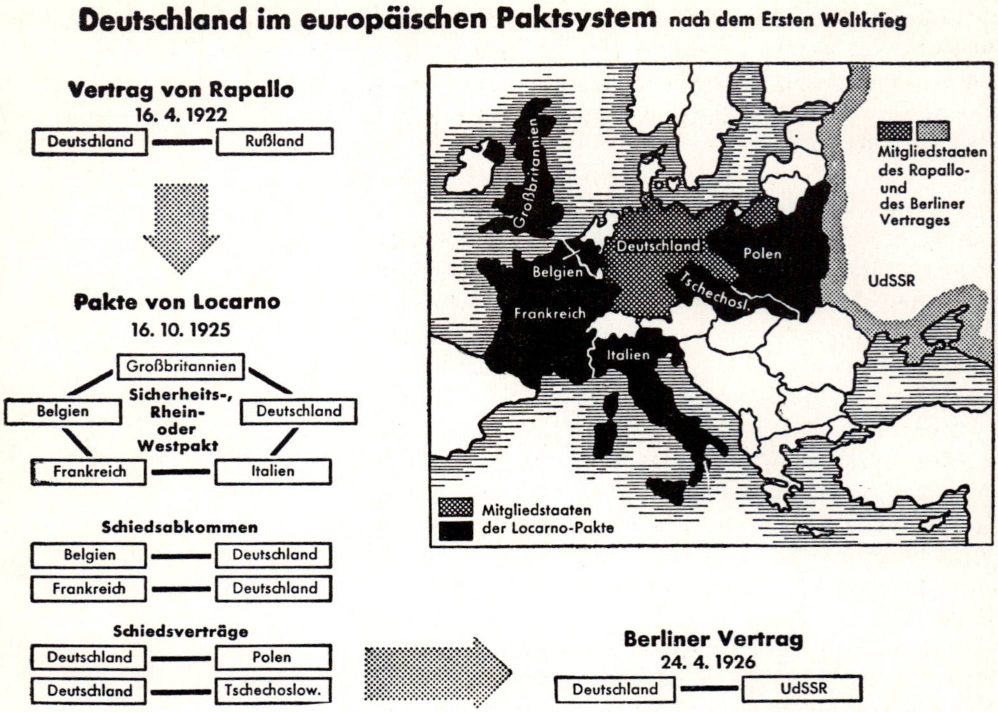

© Erich Schmidt Verlag (Zahlenbilder)

den, um nicht in eine bestimmte Mächtekonstellation hineingezogen zu werden. Dies hätte den gerade erst gewonnenen außenpolitischen Spielraum verringert. Entscheidend war unter dem Aspekt der Revision der Ostgrenzen die Tatsache, daß nun nach dem Abschluß der Locarno-Verträge und des Berliner Vertrags eine französisch-englische und eine russisch-französische Allianz gegen Deutschland nicht mehr möglich war. Zusätzlich hatte der Berliner Vertrag den Wert der französischen Garantien für Polen stark gemindert.

vgl. hierzu die Aufzeichnungen des Legationsrats von Dirksen vom 29. 12. 1929: Kampmann/Wiegand, a.a.O., S. 127 und Stresemanns Ansicht über die Lösung der „polnischen Grenzfrage“: Schmid, a.a.O., S. 31, Q. 30

6 Erfolge und Mißerfolge der Stresemannschen Außenpolitik

In der Folgezeit ging Stresemann daran, die Früchte der Locarno-Verträge und des Berliner Vertrags zu ernten. Zu diesem Zweck verstärkte er die polnischen Probleme durch einen langjährigen Wirtschaftskrieg. Zwar geriet Polen dadurch zwischen 1925 und 1927 in eine heftige wirtschaftliche und politische Krise, doch rettete Frankreich seinen Bündnispartner durch wirtschaftliche und finanzielle Unterstützung. Zudem gelang es Polen, seine außenpolitische Lage durch einen Nichtangriffspakt mit der Sowjetunion 1932 entscheidend zu verbessern.

Zur Polenpolitik Stresemanns s. Dederke, a.a.O., S. 170ff.

Auch auf der Ebene des Völkerbunds trieb Stresemann seine Polenpolitik voran, indem er sich zum Vorkämpfer und Vertreter der Minderheiten in Europa, ganz besonders natürlich der Deutschen in Polen machte und die Weltöffentlichkeit immer wieder an die Unterdrückung der Deutschen dort erinnerte und eine Revision des Versailler Vertrags forderte. Auch hier konnte sich Stresemann nicht durchsetzen, da Frankreich und auch Großbritannien sich dieser Forderung kategorisch widersetzten.

Ebenso erreichte Stresemann seine vorrangigen Ziele im Westen (Räumung des Rheinlands, volle Souveränität Deutschlands) nicht. Lediglich die Verbesserungen der Reparationsbedingungen durch den Young-Plan stellten einen kleinen, allerdings in keiner Weise vergleichbaren Erfolg dar.

In den Jahren bis 1928 stagnierte die Entwicklung. Weder wurde eine spürbare Verbesserung des deutsch-französischen Verhältnisses erreicht, noch waren revisionspolitische Ziele, die Stresemann innenpolitisch hätte verwerten können, auch nur in greifbare Nähe gerückt. Dies führte bei den Nationalen zur Erkenntnis, daß man mit den ehemaligen Kriegsgegnern so keine gewinnbringende Politik betreiben konnte. Mehr und mehr setzte sich die Ansicht durch, daß man die Ketten des Versailler Vertrags gewaltsam sprengen müsse.

Während Stresemann seine revisionistischen Ziele vergeblich verfolgte, erreichte er auf einem anderen Gebiet Erfolge. Im Völkerbund übernahm er in Anlehnung an Bismarcks Politik immer mehr die Rolle des ehrlichen Maklers. Dies bewirkte, daß Deutschland im Ausland das Image der Aggressivität und der rücksichtslosen Machtpolitik verlor und allmählich als gleichberechtigtes und wertvolles Mitglied des Völkerbundes angesehen wurde. Diese Politik Stresemanns fand ihren Höhepunkt im Abschluß des kriegsächtenden Kellog-Pakts, an dem er maßgeblich mitgearbeitet hatte und in der Verleihung des Friedensnobelpreises.

Zum ersten Auftritt Stresemanns im Völkerbund: Schmid, a.a.O., S. 30, Q. 23

27. 8. 1928
Unterzeichner: USA, Frankreich, Großbritannien, Deutschland, Belgien, Tschechoslowakei, Polen, Italien, Japan

7 Die Beurteilung Stresemanns

„Stresemann-Verwesemann"

Stresemanns Lebensweg: Dederke, a.a.O., S. 159ff.; Heinloth, a.a.O., S. 103; Schmid, a.a.O., S. 36, T.22

Seit Bismarck gab es keine so gegensätzliche Publizistik über einen Politiker wie über Stresemann. Die Rechten verfolgten ihn mit leidenschaftlichem Haß. Jedoch auch in der SPD und selbst in seiner eigenen Partei, der DVP, schieden sich die Geister, wenn es um seine Person oder seine Politik ging. Diese Kontroverse zieht sich bis in die Gegenwart und beschert Stresemann auch heute noch unterschiedliche Kritiken.

Im allgemeinen überwiegt die Einschätzung und Beurteilung Stresemanns als „Vertreter des europäischen Gedankens", als „Vorkämpfer einer überstaatlichen Ordnung", als „deutscher Staatsmann europäischen Formats". Dieses Bild, so sehr es auch in die Wunschvorstellungen der Europapolitiker nach dem 2. Weltkrieg paßte, muß heute relativiert werden: Stresemann war weder Demokrat noch Europapolitiker aus Überzeugung. Im Grunde seines Herzens war und blieb er bis zu seinem Tode ein nationaler Revisionspolitiker. Was ihn von seinen Gegnern unterschied, waren die Mittel und Methoden zur Erreichung seiner revisionistischen Ziele und der klare Blick fürs Machbare. Die Tragik der Stresemannschen Politik bestand darin, daß sie von den Nationalen nicht akzeptiert, von der Masse der Bevölkerung nicht richtig erkannt und zu früh als erfolglos bewertet wurde. Dies führte bereits in den Jahren seiner Erfolge dazu, daß er unzutreffenderweise immer mehr in den Geruch eines erfolglosen Illusionspolitikers kam.

3. 10. 1929

IX Die ruhigen Jahre der Weimarer Republik (1924–1929)

Vgl. hierzu W. Mommsen, Demokratie und Republik (1927): Soesemann, a.a.O., Nr. 3

1 Die wirtschaftliche Entwicklung

Die Währungsreform vom November 1923 und die Stresemannsche Außenpolitik der folgenden Jahre schufen die Voraussetzungen für eine neue Phase der ruhigen wirtschaftlichen Entwicklung. Die Folge war, daß Deutschland nach der erstmaligen Regelung der Reparationen unter primär wirtschaftlichen Aspekten durch den Dawes-Plan (1924) den Anschluß an die Weltwirtschaft wieder fand. Eine wichtige Rolle spielten dabei die kurzfristigen Kredite aus dem Ausland, die von den deutschen Banken in langfristige umgewandelt und vor allem in neuartige, Erfolg versprechende Industriezweige (Flugzeug- Rundfunkindustrie) investiert wurde. Damit trugen die deutschen Banken große Risiken. Auch war der wirtschaftliche Aufschwung durch zwei Faktoren gefährdet: Der Absatz hochwertiger Produkte ließ sich nicht genau vorausberechnen und die deutsche Wirtschaft lebte zur Hälfte von kurzfristigen Auslandskrediten. Deshalb wird der Aufschwung und die relative Stabilität der Wirtschaft oft als „Scheinkonjunktur" oder „Konjunktur auf Pump" bezeichnet.

2 Die Sozialpolitik

Vgl. hierzu den Überblick über die Sozialpolitik dieser Jahre bei Schmid, a.a.O., S. 33, T. 14; ausführlich: Dederke, a.a.O., S. 174ff.

Mit dem wirtschaftlichen Aufschwung verbesserte sich auch der Lebensstandard der unteren Schichten nach dem Krieg. Hierzu trugen seit den Tagen des Rats der Volksbeauftragten folgende soziale Errungenschaften wesentlich bei:

- Die Koalitionsfreiheit aller am Wirtschaftsprozeß Beteiligten, also das Recht für Arbeitnehmer und Arbeitgeber, Vereinigungen zur Verfolgung ihrer Interessen zu bilden; *Verfassung Art. 159*
- als Folge wurden die bisher üblichen Einzelarbeitsverträge nun durch Kollektivverträge abgelöst, was zu einer Stabilisierung der rechtlichen Position der Arbeitnehmer führte;
- Beschränkung des Arbeitstages auf 8 Stunden; *Rat der Volksbeauftragten*
- ständige Schlichtungsausschüsse, deren Aufgabe in der güt-

lichen Regelung von Streitfragen bestand, die sich aus dem Arbeitsverhältnis ergaben;

1920
- Betriebsrätegesetz;

Verfassung Art. 165
- Schaffung von Wirtschaftsräten;

Mit den beiden letztgenannten Errungenschaften waren die Grundlagen für die Mitbestimmung der Arbeitnehmer gelegt.
In der Zeit nach der Inflation verlangsamte sich die sozialpolitische Entwicklung, die für Europa beispielhaft war. Sie begann zu stagnieren und wurde in einzelnen Bereichen sogar rückläufig. Dies hatte seine Ursachen in den leeren Gewerkschaftskassen und in der steigenden Machtposition der Unternehmer im wirtschaftlichen wie im politischen Bereich. So setzten die Arbeitgeber unter Hinweis auf den Ruhrkampf die Verlängerung des 8-Stunden-Arbeitstags durch. Auch die Betriebsräte mußten eine Beschneidung ihrer Kompetenzen hinnehmen. Obwohl die Arbeitnehmer und ihre Interessenvertretungen 1927 die Einführung der Arbeitslosenversicherung erreichten, blieb das Arbeitsrecht insgesamt, vor allem aufgrund der politischen und wirtschaftlichen Entwicklung seit 1930 ein Torso.

Heinloth, a.a.O., S. 99ff. und ZuM, S. 93

3 Kunst, Wissenschaft und Technik

Aufgrund des Untergangs der Weimarer Republik und ihrer Herabsetzung durch die Propaganda des 3. Reichs könnte der Eindruck entstehen, als seien alle Bereiche des öffentlichen Lebens grau, trist und wenig kreativ gewesen. Dieser Schein trügt, denn Technik und Wissenschaft entwickelten sich rasch in jener Zeit. Dies verdeutlicht u. a. die Verleihung der höchsten internationalen Auszeichnung, z. B. des Nobel-Preises, an zahlreiche deutsche Wissenschaftler.

Auflistung bei Binder, a.a.O., S. 330

Dederke, a.a.O., S. 177f.

4 Die Abschwächung des Radikalismus

Hand in Hand mit der Stabilisierung der Wirtschaft und der Verbesserung des Lebensstandards ging seit 1924 die Stabilisierung der innenpolitischen Verhältnisse. Sie fand ihren Ausdruck im schwachen Abschneiden der extremen Parteien

Die „Goldenen Zwanziger Jahre" in der Weimarer Republik

Während in der Weimarer Republik der Staat ständig um seine Existenz ringen mußte, entfaltete sich im geistigen und künstlerischen Leben – im Kaiserreich oft mißtrauisch beschnitten – eine in der deutschen Geschichte selten erreichte, lebendige und blühende Vielfalt. Vor dem Hintergrund der religiösen und geistigen Krise jener Zeit, wie sie die Existenzphilosophie deutlich machte (Martin Heidegger, Karl Jaspers), suchte in der Kunst eine Fülle sich ablösender oder nebeneinander herlaufender Richtungen nach neuen Werten und künstlerischen Formen.

Am stärksten kam diese Vielfalt in der Malerei zum Ausdruck, in der neben dem auslaufenden Impressionismus (Max Liebermann) unter zahlreichen neuen Richtungen, wie Kubismus, Futurismus, Dadaismus, vor allem der Expressionismus Bedeutung erlangte. Charakteristisch war die Bildung von Künstlergruppen und -vereinigungen, wie in der Architektur und Werkkunst das „Bauhaus" unter Walter Gropius, in der Malerei der „Blaue Reiter" mit Franz Marc und Paul Klee oder die verschiedenen „Sezessionen", in der Musik die „Jungen Komponisten" mit Paul Hindemith oder in der Literatur der Stefan-George-Kreis oder der „Tatkreis" mit Hans Zehrer, um nur wenige der bedeutenderen zu nennen.

Mit den Malern Lovis Corinth, Karl Hofer, Oskar Kokoschka, Max Pechstein, Emil Nolde, den Bildhauern Georg Kolbe, Käthe Kollwitz und Ernst Barlach, den Komponisten Alban Berg, Carl Orff, Arnold Schönberg (Zwölftonmusik), mit den Schriftstellern und Dichtern Rainer Maria Rilke, Gerhart Hauptmann, Thomas Mann, Hugo von Hofmannsthal, Franz Kafka, dem großen Regisseur Max Reinhardt seien einige weitere Namen genannt, die dieser Zeit ihr reiches kulturelles Profil gaben. Zugleich erwarb sich Deutschland auch in der künstlerischen Entwicklung des Films eine führende Stellung, um die sich bedeutende Regisseure und Schauspieler, wie Carl Froelich, Fritz Lang, Henny Porten, Paul Wegener, Heinrich George, Werner Krauss, Emil Jannings u. a., verdient machten. Mittelpunkt des kulturellen und geistigen Lebens dieser Jahre war Deutschlands Hauptstadt Berlin mit ihren zahlreichen Theatern, Opern- und Operettenhäusern, ihren Museen, Konzertsälen, Bibliotheken und wissenschaftlichen Instituten.

Dem Staat kamen diese vielfältigen kulturellen Kräfte nur wenig zugute, ja sie erhoben sich teilweise zu zersetzender Kritik, von links besonders in Malerei, Graphik und im Theater (George Grosz, Erwin Piscator, Bert Brecht, mit der Feder Kurt Tucholsky) und von rechts in der Literatur (Oswald Spengler, Moeller van den Bruck, Ernst Jünger und andere).

Bekannte Namen aus Literatur und Kunst der Zwanziger Jahre

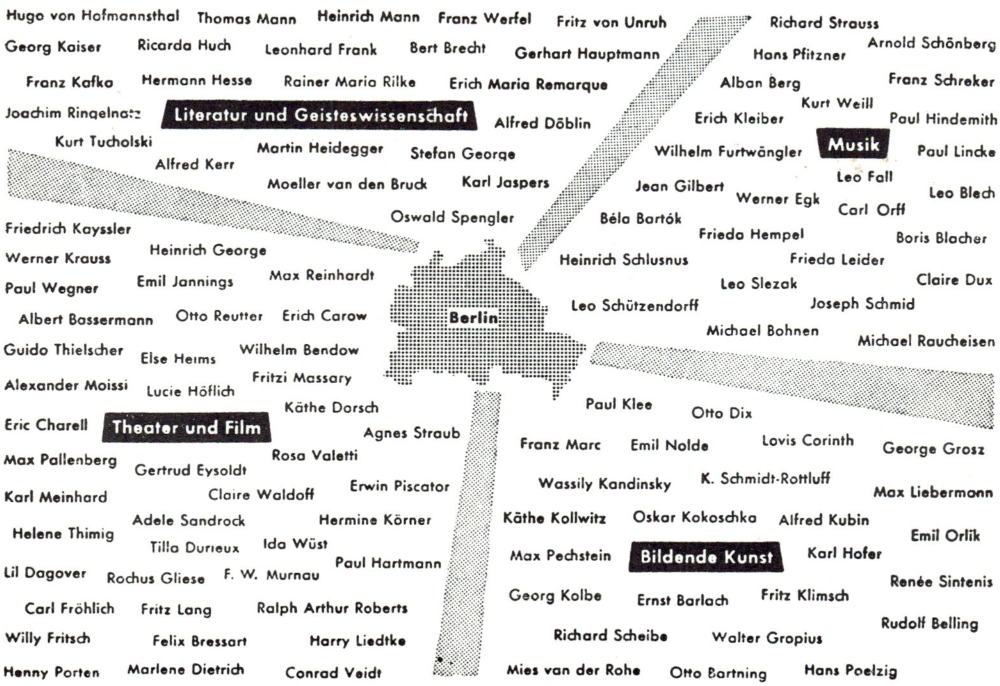

s. S. 106 und 108

zwischen 1924 und 1928. Ein weiteres deutliches Zeichen war die Beteiligung der DNVP an der ersten Regierung Luther. Sie trat zwar aus Protest gegen Locarno und den Eintritt in den Völkerbund wieder aus, beteiligte sich jedoch, nachdem sich die ersten Wogen der Erregung geglättet hatten, seit Januar 1927 wieder an der Regierung und blieb Koalitionspartner bis zum Ende der Großen Koalition. Damit gab es keinen starken regierungsfeindlichen Block mehr, da die NSDAP in dieser Zeit allein zu schwach war.

Dederke, a.a.O., S. 177f.

5 Die Schwäche des Parlamentarismus

Trotz der relativen Stabilität im Parlament wurden die Nachteile der Verfassung, vor allem das reine Verhältniswahlrecht deutlich. Bei 493 Abgeordneten des dritten Reichstags, der insgesamt am längsten tagte (7. 12. 1924–31. 3. 1928), war für eine Regierungsbildung eine Mehrheit von 247 Stimmen nötig. Die beiden Flügelparteien KPD und NSDAP spielten unter diesem Gesichtspunkt von vornherein keine Rolle. Die Weimarer Koalition erreichte zusammen nur 232 Stimmen. Da die Kluft zwischen der SPD und den Parteien BVP, DVP und DNVP zu groß war, konnte nur eine Koalition unter Ausschluß der SPD zustande kommen, die dann jedoch alle Parteien von Z bis DNVP umfassen mußte. Das Paradoxe daran war, daß ausgerechnet *die* Partei zur Erhaltung der Demokratie gebraucht wurde, die den Parlamentarismus von Anfang an abgelehnt hatte, nämlich die DNVP. Damit war der Bestand einer derartigen Koalition sehr unsicher und ihre Effektivität von vornherein auf ein Minimum beschränkt. Abgesehen von der zweimaligen Beteiligung der DNVP gelang es aus diesen Gründen nur, Minderheitskabinette zu bilden. Daraus ergaben sich folgende Belastungen für die Republik:

Damit bestand die Koalition aus DDP, Z, DVP und DNVP

- Häufiger Regierungswechsel;
- häufige Auflösung des Reichstags;
- der RT konnte damit seine verfassungsmäßige Rolle nur in normalen, d. h. ruhigen Zeiten wahrnehmen und auch dann nur sehr unvollständig;
- wichtige Fragen wurden nicht entschieden, Lösungen kamen nur in Teilbereichen und auch dann in der Regel nur als Kompromisse zustande.

6 Die Reichspräsidentenwahl von 1925 als Symptom dieser Entwicklung

Heiber, a.a.O., S. 167ff.; Dederke, a.a.O., S. 179ff.

Im Februar 1925 starb Friedrich Ebert, der zwar nicht direkt ein Opfer des politischen Mordes wurde, der jedoch als Symbolfigur des verhaßten Systems „in den Tod getrieben [wurde] durch die schändliche Hetze, die von einer bodenlos gemeinen Presse bis in die letzten Tage hinein gegen ihn verübt wurde". Stresemann hatte mit Recht erkannt, daß das deutsche Volk keinen Präsidenten mit Zylinderhut, sondern einen mit Uniform und einer Menge Orden haben wollte.

Aussage eines Freundes, zit. nach Vogt, a.a.O., S. 71

Zum Magdeburger Beleidigungsprozeß: Dederke, a.a.O., S. 178f.

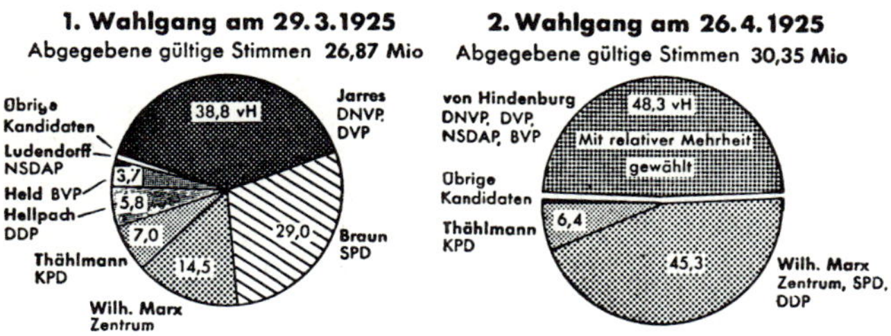

Die Reichspräsidentenwahl

© Erich Schmidt Verlag (Zahlenbilder)

Im ersten Wahlgang standen sich sieben Kandidaten von Thälmann (KPD) ganz links bis Ludendorff ganz rechts gegenüber. Da der Kandidat der Rechtsparteien DVP und DNVP, der Duisburger Oberbürgermeister Karl Jarres im ersten Wahlgang nicht die erforderliche absolute Mehrheit erhielt, mußte der Reichspräsident in einem zweiten Wahlgang mit nun relativer Mehrheit gewählt werden. Die Weimarer Koalition einigte sich auf den ehemaligen Kanzler Marx als gemeinsamen Kandidaten. Die Rechtsparteien erreichten die Kandidatur des 78jährigen Feldmarschalls Hindenburg, der sich mit knapper Mehrheit gegen Marx durchsetzte. Dieser Sieg der Rechtsparteien bedeutete, daß die entscheidende Position im Staat mit einem Mann besetzt wurde, dem der neue Staat wesensfremd und unverständlich war. Die Demokratie hatte eine deutliche Schlappe erlitten.

Treffende Charakterisierung Hindenburgs durch Th. Lessing: Soesemann, a.a.O., Nr. 16

Ausführlicher Lebenslauf: Schmid, a.a.O., S. 31, T. 13 und Dederke, a.a.O., S. 180ff.

X Der Anfang vom Ende: Das Scheitern der Großen Koalition

Heiber, a.a.O., S. 196ff.; Dedecke, a.a.O., S. 183ff.; s. S. 107

1 Die Große Koalition

Große Gewinne der SPD und KPD, Verluste bei DDP, DVP und DNVP; s. S. 106 und 108

301 Abgeordneten der Koalition standen 170 der Opposition gegenüber.

Nachdem in den Jahren 1924 bis 1928 teils Regierungen der bürgerlichen Mittelparteien ohne parlamentarische Mehrheit, teils nach rechts tendierende Kabinette unter Einfluß der DNVP die Politik bestimmt hatten, schufen die Reichstagswahlen vom Mai 1928 die Voraussetzungen für eine große Koalition. Sie kam unter der Führung des Sozialdemokraten Müller-Franken zustande und umfaßte SPD, Z, BVP, DDP und DVP. Die Breite des beteiligten Parteienspektrums machte die Koalition labil und anfällig. Sie wurde mehr von einzelnen Persönlichkeiten als von gemeinsamen Programmen und Zielen zusammengehalten. Erschwerend kam hinzu, daß sie von Anfang an großen Belastungen ausgesetzt war:

s. S. 65ff.

- Die Revision des Dawes-Plans zog als Ergebnis den Young-Plan nach sich, der eine Radikalisierung des politischen Lebens bewirkte;
- die Auseinandersetzungen zwischen Arbeitgebern und Arbeitnehmern spitzten sich zu und belasteten das ohnehin problematische Verhältnis von SPD und DVP;

3. 10. 1929

Heiber, a.a.O., S. 206

- der Tod Gustav Stresemanns wirkte sich für den Fortbestand der Großen Koalition besonders negativ aus, da er der deutschen Außenpolitik 1923 bis 1929 Kontinuität gegeben und Deutschland zu Ansehen und Gleichberechtigung im Ausland verholfen hatte.

Dederke, a.a.O., S. 190ff.

2 Die Weltwirtschaftskrise und ihre Folgen für Deutschland

2.1 Die Entstehung

Die Weltwirtschaftskrise war zunächst eine Krise der industriellen Überproduktion und dann auch das Ergebnis einer hemmungslosen Spekulation in den USA. Am „schwarzen

Freitag" brach die New Yorker Börse zusammen. Die Folge war eine sich rasch ausdehnende Absatzkrise, die zu Konkursen, extremer Arbeitslosigkeit und Armut führte. Sie griff im folgenden Jahr auf Europa über, führte in allen Ländern zu einschneidenden wirtschaftlichen und politischen Maßnahmen und erschütterte das labile politische Gefüge der jungen Demokratien in Mittel- und Osteuropa.

29. 10. 1929
An diesem Tag verloren die Bankkunden rund 30 Mrd. Dollar auf dem New Yorker Börsenmarkt.

2.2 Die Auswirkungen in Deutschland

In dieser Situation wurde sehr schnell deutlich, daß die relative Stabilität der deutschen Wirtschaft trügerisch war, weil sie auf Pump beruhte. Vor allem die Umwandlung der kurzfristigen Auslandsleihen in langfristige durch die deutschen Banken rächte sich nun, als die amerikanischen Banken ihre kurzfristigen Kredite aus Deutschland abzogen und die Vereinigten Staaten von Amerika gleichzeitig mit protektionistischen Maßnahmen ihre eigene Wirtschaft zu retten versuchten. Nun fehlte in Deutschland jeglicher finanzieller Rückhalt. Die unmittelbaren Folgen waren mangelnde Liquidität und der Zusammenbruch vieler deutscher Banken. Dies bedeutete konkret:

Vgl. hierzu H. von Gerlach, Folgen der Arbeitslosigkeit: Soesemann, a.a.O., Nr. 46

z. B. Importzölle

- Produktionsrückgang infolge schwindender Kaufkraft;
- wachsende Arbeitslosigkeit;
- Verringerung der Steuereinnahmen bei gleichzeitig rapid ansteigenden staatlichen Soziallasten;
- große Teile der Bevölkerung geraten in Not und Existenzangst;
- im politischen Bereich bewirken diese Verhältnisse eine parlamentarische Krise und den Sturz der Großen Koalition.

3 Das Scheitern der Großen Koalition

Dederke, a.a.O., S. 187f.

In dieser äußerst kritischen Situation wurden die oft konträren wirtschaftlichen und sozialen Vorstellungen von SPD und DVP offensichtlich, der Handlungsspielraum der Koalition immer geringer. Die Gemeinsamkeiten reduzierten sich auf ein absolutes Minimum an Kompromissen. Dabei ging es nicht nur um parteipolitische Taktiken, hier standen sich auch die Interessenvertreter von Arbeitnehmern und Arbeitgebern gegenüber. So erscheint es folgerichtig, daß die Koali-

Heiber, a.a.O., S. 217f.

tion an einem sozialwirtschaftlichen Problem endgültig zerbrach. Mit der wachsenden Zahl der Arbeitslosen mußte die Frage der Arbeitslosenversicherung neu geregelt werden, da sie nur für 800000 Arbeitslose konzipiert worden war. Die SPD forderte die Erhöhung der Versicherung um 1 auf 4 Prozent, was für beide am Arbeitsleben beteiligten Gruppen eine Steigerung um ein halbes Prozent bedeutet hätte. Im Frühjahr 1929 scheiterte die Einigung am Widerstand der DVP. Im September hatte schließlich ein Kompromiß Erfolg, der die Erhöhung auf 3½ Prozent vorsah. Die letzte Tat Stresemanns von politischer Bedeutung bestand darin, daß er die DVP zur Stimmenthaltung überredete und damit die Einigung ermöglichte.

Die rasch fortschreitende Arbeitslosigkeit machte jedoch bald eine erneute Erhöhung nötig. Als sich im Frühjahr 1930 die Mehrheit der Koalition für eine Anhebung der Versicherungsleistung auf 4% entschloß, trat die DVP aus der Regierung aus. Entscheidend und symptomatisch zugleich war, daß es im Grunde gar nicht um die minimale Erhöhung von ⅛% für beide Seiten ging. Die Ursachen lagen tiefer. Die SPD wollte sich durch eine energische Interessenvertretung eine größere Basis in der Arbeiterschaft verschaffen, die DVP und die hinter ihr stehende Industrie, die Reichswehr und der Reichspräsident wollten sich aus ebenso evidenten parteipolitischen Erwägungen heraus aus der „widernatürlichen" Koalition mit der SPD lösen, um in einem „natürlichen" Zusammengehen mit der DNVP das Heft in die Hand zu nehmen. So bedeutete das Scheitern der Großen Koalition am 27. März 1930 den Anfang vom Ende der Weimarer Republik.

Ein letzter Kompromißvorschlag hatte die Erhöhung auf 3¾% vorgesehen.

XI Der Untergang der Weimarer Republik

1 Das Kabinett Brüning

Heiber, a.a.O., S. 220ff.; Dederke, a.a.O., S. 188f. und S. 225ff.

1.1 Das erste Kabinett Brüning (30. 3. 1930–9. 10. 1931)

H. Brüning Zentrum
aus: Zeiten und Menschen, Bd. A4, S. 102

Bereits 3 Tage nach dem Scheitern der Großen Koalition ernannte Hindenburg Heinrich Brüning (Z), den er wegen seiner soldatischen Vergangenheit schätzte, zum Reichskanzler. Dieser verkündete am 1. April sein Regierungsprogramm, das in seinen Grundzügen schon seit dem Januar 1930 feststand. Zu diesem Zeitpunkt nämlich hatten sich Brüning, Treviranus (DNVP) und General Schleicher (Chef des Ministeramtes im Reichswehrministerium) als Sprecher der Reichswehr zur „Lösung" der nationalen Probleme zusammengefunden. Das Triumvirat war sich einig, daß eine neue Regierung (Brüning) ohne parlamentarische Bindung agieren und lediglich vom Vertrauen des Reichspräsidenten getragen werden sollte. Dieses Modell nannten die geistigen Väter das „Hindenburg-Kabinett". Den alten Herrn zu gewinnen, fiel ihnen nicht schwer. Er war der dauernden Zwistigkeiten müde geworden und sah die Verbesserung der Situation vorrangig in der Ausschaltung der ungeliebten SPD. Mit dem Amtsantritt Brünings kamen dann folgende Richtlinien der neuen Politik zum Tragen:
- Die Regierung sollte antiparlamentarisch, also ohne Koalitionsverhandlungen regieren;
- sie steuerte einen scharfen antimarxistischen Kurs, der sich auch gegen die SPD richtete;
- eine grundlegende Wandlung der Verhältnisse im deutschen Kernland Preußen wurde angestrebt.

Politischer Werdegang Brünings: Schmid, a.a.O., S. 36, T. 23

Ausgaben, Einnahmen und Reparationsleistungen des Deutschen Reiches von 1925–1933 in Mrd. RM
aus: F. W. Henning, Das industrialisierte Deutschland 1914 bis 1972, Paderborn 1974

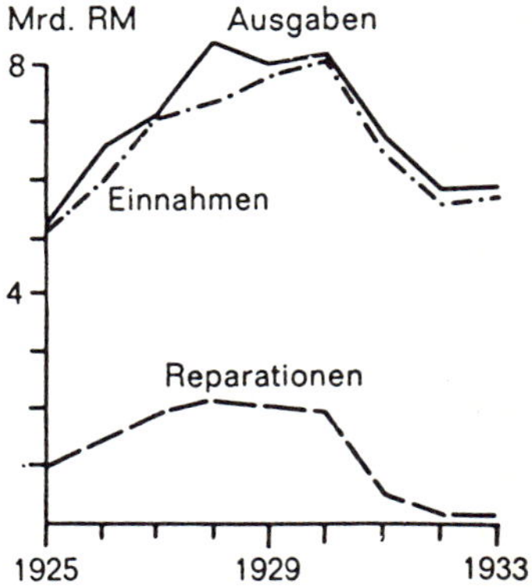

1.2 Brünings Außen- und Wirtschaftspolitik

Für Brüning wie für alle seine Vorgänger dominierte die Außenpolitik. Dies bedeutete für ihn:
- Demonstrierung der deutschen Zahlungsunfähigkeit;
- Streichung der Reparationen;

- völlige Gleichberechtigung der Republik auch auf militärischem Sektor;
- machtpolitischer Wiederaufstieg Deutschlands.

Den wirtschaftlichen Problemen glaubte Brüning durch
- die Gesundung des Staatshaushalts und
- die Vermeidung der Inflation begegnen zu können.

Hier lag Brünings entscheidender Fehler: Eine Inflation war aus verschiedenen Gründen, gerade im Vergleich mit 1923, überhaupt nicht zu befürchten.

Hierzu schien ihm ein Sonderbesteuerungsprogramm nötig. Als er die Zustimmung des Reichtags dafür nicht erhielt, setzte er es gemäß seiner politischen Grundlinie mit Hilfe des Artikel 48 durch. Als die Opposition im RT die Aufhebung der Notverordnungen forderte, veranlaßte er den Reichspräsidenten zur Auflösung des RTs und zur Ausschreibung von Neuwahlen. Deren Ergebnis war eine Katastrophe. „Es wurde ein ‚Triumph der Verantwortungslosen'. Denn der Appell an die Nichtwähler hatte zu einer Mehrbeteiligung von fünf Millionen Deutschen geführt, die vorwiegend nationalsozialistisch stimmten . . . In einem ‚Spartakusaufstand der politischen Dummheit' war ein politisch interesseloser Bevölkerungsteil mobilisiert worden, nur um der stärksten Agitation anheimzufallen, besonders der hemmungslosen Agitation gegen Versailles . . . Dazu kam das Votum der Jugend, der die ‚jungen Parteien' voraussetzungslose Gläubigkeit, eine irrationale Philosophie der ‚Tat' und die Protestideologie der Jugendbewegung boten." War das Parlament bis jetzt weitgehend funktionsunwillig gewesen, so war es jetzt eindeutig funktionsunfähig. Der Parlamentarismus, die Demokratie war damit am Ende.

KPD, SPD, NSDAP und ein Teil der DNVP.

s. S. 106 und 108

Bracher, a.a.O., S. 368f.; vgl. auch Dederke, a.a.O., S. 227ff.

Die NSDAP steigerte die Zahl ihrer Abgeordneten von 12 auf 107 (= zweitstärkste Fraktion).

Zum Wahlergebnis vgl. die Analyse H. Pünders (1930): Soesemann, a.a.O., Nr. 57

Die Folge waren rapide Kursstürze deutscher Werte im Ausland und die noch raschere Rückziehung kurzfristiger ausländischer Kredite. Dadurch erfaßte eine zweite, sehr starke Welle der Wirtschaftskrise Deutschland.

Der Wahlausgang hatte zur (paradoxen) Folge, daß die SPD die Notverordnungen Brünings tragen mußte aus Furcht vor den braunen Massen. Damit erhielt der Kanzler die Voraussetzung, sein umstrittenes wirtschaftliches Sanierungsprogramm mit folgenden Maßnahmen durchzuführen:
- Scharfer Deflationskurs, d. h. künstliche Verknappung des Geldes;
- Reduzierung der im Umlauf befindlichen Geldmenge;
- Kreditbeschränkungen;
- drastische Kürzung von Staatsausgaben;
- Senkung von Löhnen und Gehältern;
- neue Steuern.

Ausführliche Gegenüberstellung der Maßnahmen und ihrer Folgen in Deutschland und den USA: Heinloth, a.a.O., S. 108; s. auch Dederke, a.a.O., S. 231f.

Als erste große Banken ihre Zahlungen einstellten, setzte ein panikartiger Ansturm auf die deutschen Geldinstitute ein, der vorübergehend zur Schließung aller Banken, Sparkassen und Börsen führte. Als Folge der Gesamtentwicklung stieg die Zahl der Arbeitslosen im Winter 1931/32 auf über 6 Mio. an und hielt sich selbst im wirtschaftlich günstigen Sommer immer über der Fünfmillionengrenze. Für Brüning war die Wirtschaftskrise ausschließlich ein finanzielles Problem. Für die Millionen Arbeitslosen und deren Familien bedeutete sie den täglichen Kampf um die nackte Existenz. Extreme Not, tiefe Hoffnungslosigkeit und die wachsende Verbitterung bereiteten den Nährboden für die links- und (vor allem) rechtsradikalen Parteien.

Die Entwicklung der Arbeitslosigkeit in Deutschland von 1928 bis 1939

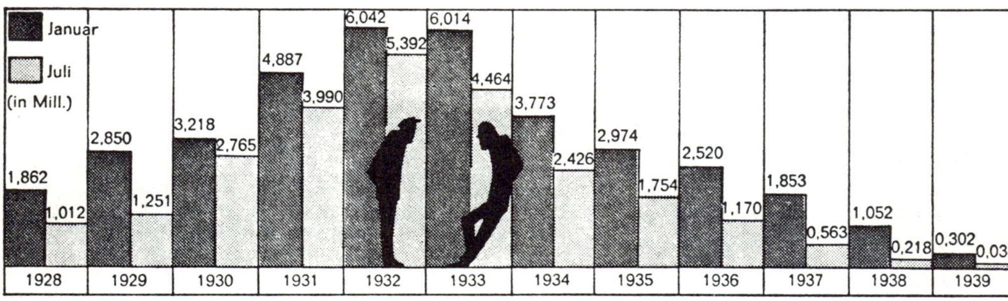

aus: dtv-Atlas zur Weltgeschichte, Band 2, 16. Aufl. München 1981, S. 184

1.3 Das zweite Kabinett Brüning (9. 10. 1931–30. 5. 1932)

Heiber, a.a.O., S. 240f.

Das Scheitern der deutsch-österreichischen Zollunion erzeugte eine erneute Propagandawelle der Rechten, die die Umbildung des Kabinetts zur Folge hatte. Entsprechend dem Wunsche des Reichspräsidenten sollte es keinerlei „parteimäßige Bindung“ mehr haben. Mit der völligen Unabhängigkeit vom RT und der Entlassung der dem linken Zentrum zugeordneten Minister Wirth und Guerard sollte eine deutliche Tendenz nach rechts dokumentiert werden. In dieser Situation erwog Brüning die Einbeziehung der NSDAP, um sie zu „zähmen“ und „abzunutzen“. Er gab sich bei dieser Absicht einer weitverbreiteten – und wie sich noch herausstellen sollte – verhängnisvollen Illusion hin. Seine Absicht scheiterte schließlich an der kompromißlosen Forderung Hitlers, nur als Reichskanzler in ein Präsidialkabinett einzutreten. Da dies sowohl von Brüning als auch von Hindenburg

23. 3. 1931

1931 regierte Brüning mit 43 Notverordnungen, 1932 mit 19. Weitverbreiteter Kommentar aus dem Volk: „Brüning verordnet Not.“

strikt abgelehnt wurde, spitzte sich die innenpolitische Krise weiter zu. Die Auseinandersetzungen verlagerten sich mehr und mehr auf die Straße und führten zu bürgerkriegsähnlichen Zuständen, die ihre Höhepunkte in blutigen Saal- und Straßenschlachten fanden. An ihnen waren nahezu alle politischen und paramilitärischen Gruppierungen beteiligt, besonders die SA und der Rote Frontkämpferbund der KPD.

1.4 Die Entlassung Brünings

Eine wichtige Rolle spielte auch das Verbot der SA durch Brüning, gegen das die Rechte Sturm lief. Zum SA-Verbot: Dederke, a.a.O., S. 244f.

Zu seinem 80. Geburtstag (1927) hatten die ostelbischen Junker Hindenburg das ostpreußische Gut Neudeck geschenkt.

Offizieller Anlaß wird Brünings „Siedlungsbolschewismus“, d. h. die angebliche Benachteiligung ostelbischer Großgrundbesitzer. Das Reich hatte ihnen großzügig Hilfe gewährt, nicht zuletzt aufgrund der engen Verbindungen zwischen den ostelbischen Gutsbesitzern und dem Reichspräsidenten. Der nüchterne Wirtschaftsfachmann Brüning hatte jedoch die Impertinenz besessen und den Plan geäußert, alle nicht sanierungsfähigen Güter zwangsweise aufzuteilen bei voller Entschädigung der Besitzer. Dieser Plan führte zu heftigen Interventionen der Betroffenen bei Hindenburg, der Brünings „Agrar-“ bzw. „Siedlungsbolschewismus“ in recht ungewöhnlicher und brüskierender Weise ahndete.

1.5 Die Beurteilung Brünings in der Literatur

Dez. 1970

Dementsprechend äußerte er sich am 6. 10. 1930 gegenüber Hitler: Schmid, a.a.O., S. 37, Q. 38

Ausführlich: J. Becker, Heinrich Brüning und das Scheitern der konservativen Alternative in der Weimarer Republik. In: Aus Politik und Zeitgeschichte, Nr. 22, 1980. S. 3–17.

Die kontroverse Beurteilung Brünings in der Fachliteratur: Info 109/110, S. 36f.

Auch nach dem Erscheinen seiner Memoiren sind Brünings Politik und Persönlichkeit umstrittener denn je. So kann heute die Ansicht, Brüning sei trotz aller aus der Not geborenen Maßnahmen im Grunde dem Ideal der Demokratie verpflichtet gewesen, nicht mehr aufrecht erhalten werden. Er zeigte nicht nur eine kalte, erschreckende Gleichgültigkeit gegenüber der Not von Millionen, sondern er plante auch eine schrittweise Reduzierung des demokratischen Systems zugunsten der Wiedereinführung der Monarchie.
Die neuere Geschichtsschreibung ist sich zwar einig in der negativen Beurteilung seiner wirtschafts- und innenpolitischen Maßnahmen, kommt jedoch bezüglich der Beurteilung seiner langfristigen Ziele und bei der Gesamtwürdigung des Politikers zu unterschiedlichen Ergebnissen. Während z. B. v. Aretin und K. Bracher den schrittweisen Abbau verfassungsmäßiger Elemente und die rigorose Unterordnung der Wirtschafts- und Innenpolitik unter die Außenpolitik und damit seine krisenverschärfenden Maßnahmen betonen und ihn als den ersten Kanzler charakterisieren, der die Auflö-

sung Weimars betrieben bzw. verschuldet habe, sieht W. Conze die positiven Aspekte seiner langfristigen Ziele, die nicht nur an seinen spezifischen politischen Maßnahmen, sondern auch „an der fast ausweglosen strukturellen und menschlichen Verstrickung der deutschen Verhältnisse um 1930“ gescheitert seien. Eine gewisse Tragik wird allgemein darin gesehen, daß Erfolge, die Brüning vorbereitete (militärische Gleichberechtigung Deutschlands, Begrenzung der Reparationszahlungen bzw. deren ersatzlose Streichung, Räumung des Rheinlands) seinen Nachfolgern unverdient in den Schoß fielen.

2 Die Reichspräsidentenwahl von 1932 als Spiegelbild der politischen Verhältnisse

Heiber, a.a.O., S. 246 ff.; Dederke, a.a.O., S. 237 ff.

Die zweite Wahl Hindenburgs im Frühjahr 1932 spiegelt die paradoxen Verhältnisse der Weimarer Republik wider. Die früheren Gegner Hindenburgs, also SPD, Z und DDP unterstützten ihn nun wohl oder übel, um Hitler zu verhindern. Im zweiten Wahlgang gewann Hindenburg mit Unterstützung

„Hitler statt Hindenburg, das bedeutet Chaos und Panik in Deutschland und ganz Europa . . . Gegen Hitler! Das ist die Losung!“ (Aufruf der SPD zur Wahl. Zit. ZuM, S. 100)

Plakat zur Reichspräsidentenwahl

Die Reichspräsidentenwahl 1932

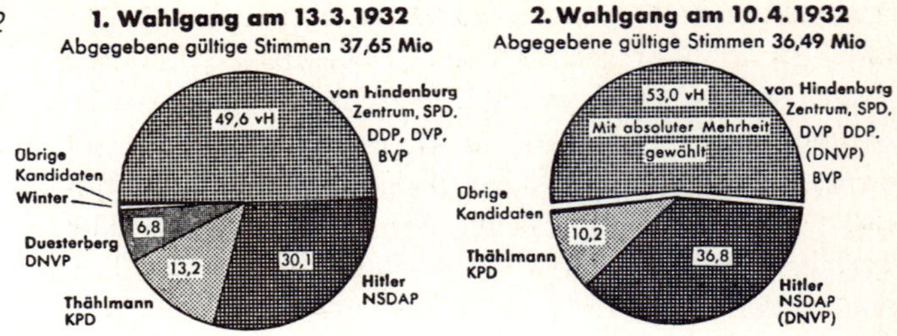

© Erich Schmidt Verlag (Zahlenbilder)

der genannten Parteien die Wahl. Trotzdem verdroß ihn der Sieg sehr, konnte er seine Enttäuschung darüber, daß ein Teil der „alten Kameraden“ den „böhmischen Obergefreiten“ gewählt hatte, nicht verwinden. Seine Verärgerung, den Sieg nur mit Hilfe der sozialdemokratischen „Marxisten“ gewonnen zu haben, führt u. a. zur Verschlechterung seines Verhältnisses zu Brüning, der sich im Wahlkampf sehr für ihn eingesetzt und die Mittelparteien auf Hindenburg eingeschworen hatte.

Nach der Präsidentenwahl
„Sie können ruhig in Hannover bleiben, Herr Präsident, – wir werden das Kind schon schaukeln!“
Zeichnung von Th. Th. Heine
aus: Simplicissimus, Band von 1925/1926

In der Folgezeit erhielt die Kamarilla, eine Art Schattenkabinett um Hindenburg, immer größeren Einfluß und bestimmte über den alten Herrn die Geschicke Deutschlands ganz wesentlich. Zu den einflußreichen (außerverfassungsmäßigen) Beratern gehörten:

- Sein Sohn Oskar als persönlicher Adjutant;
- der Staatssekretär Otto Meißner;
- der Chef des Ministeramtes im Reichswehrministerium General Kurt von Schleicher als graue Eminenz;
- die Interessenvertreter der ostelbischen Großgrundbesitzer.

Heiber, a.a.O., S. 253 ff.; Dederke, a.a.O., S. 246 ff.

3 Das Kabinett von Papen (1. 6. 1932–2. 12. 1932)

3.1 Die Berufung Papens

Die Entlassung Brünings kam nicht nur für die Bevölkerung, sondern auch für ihn selbst überraschend. Das Erstaunen über die Ernennung des neuen Kanzlers, den General Schleicher gesucht und gefunden hatte, war sogar in den konservativen Kreisen außerordentlich groß. Papen war als Herrenreiter bekannt und spielte eine Rolle in der rheinischen Adelswelt, doch wurden seine geistigen Gaben und seine politischen Fähigkeiten allgemein nicht allzu hoch eingeschätzt. Als Schleicher darauf einmal mit der Feststellung angesprochen wurde: „Der Papen ist doch kein Kopf", da antwortete er mit der aufschlußreichen, die Situation Weimars insgesamt charakterisierenden Bemerkung: „Das soll er ja nicht sein, aber er ist ein Hut."

Papen bildete das sogenannte „Kabinett der Barone", in dem als starker Mann Schleicher das Amt des Reichswehrministers übernahm. Das übergeordnete Ziel Papens bestand in Übereinstimmung mit Hindenburg in einer entschiedenen Rechtspolitik, die auf einen autoritären „neuen Staat" abzielte.

Im Inland führte Papens Ernennung zu Reaktionen an der Börse. Eine starke Flucht in die Sachwerte war festzustellen. SPD und Zentrumspresse griffen Papen scharf an, so daß er einem drohenden Parteiausschluß durch einen raschen Austritt vorsichtshalber zuvorkam. Im Ausland wurde mit unverhohlener Kritik nicht gespart. Vor allem in Amerika lösten die „Papen-Vorgänge" große Empörung aus, da man seine Ernennung als bewußten Affront gegen die Stimmung in der Welt und besonders in Amerika ansah.

Franz von Papen
Zeichnung von Rudolf Großmann

aus: H. Schulze, Weimar, S. 372

Zur Ernennung Papens, der Bildung seines Kabinetts und der zu erwartenden Politik vgl. die Stellungnahme der SPD: Schmid, a.a.O., S. 38, Q. 39

3.2 Papens Politik der Vorleistungen gegenüber der NSDAP

Unmittelbar nach Amtsantritt ging Papen daran, die Versprechen einzulösen, die Schleicher der NSDAP für die Tolerierung des neuen Kabinetts gegeben hatte. So ließ er durch den Reichspräsidenten am 4. Juni den Reichstag auflösen und Neuwahlen für den 31. Juli ansetzen. Ferner hob er das Verbot der SA und SS am 16. Juni auf, mit dem sein Amtsvorgänger gegen die bürgerkriegsähnlichen Zustände vorgegangen war. Dies wertete die NSDAP als „Vorbote der kommenden Übernahme der Regierungsgewalt durch den Nationalsozialismus".

Die Folge dieser Maßnahme waren blutige Kämpfe und Auseinandersetzungen in ganz Deutschland. Sie kamen

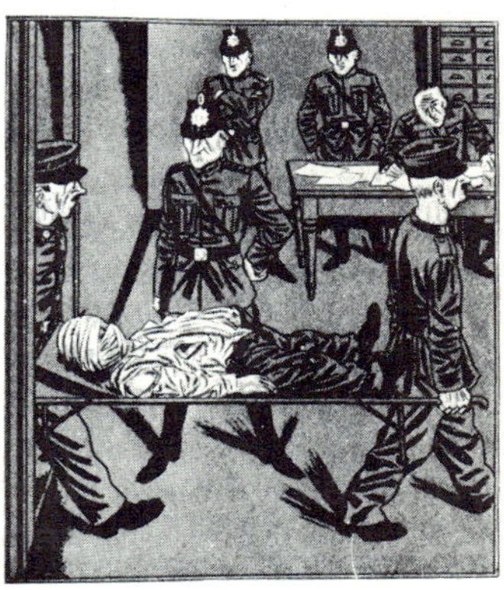

Berlin am Sonntag
„Ist der Mann unters Auto gekommen?" – „Nein, unter die Nationalsozialisten!"
Zeichnung von E. Schilling

aus: Simplicissimus, Band von 1927/1928

Papen nicht ungelegen, gaben sie ihm doch die Begründung für den sogenannten Preußenschlag.

Heiber, a.a.O., S. 254 ff.; Dederke, a.a.O., S. 248 ff.

3.3 Der Preußenschlag

Mitte Juli war Papen bereit, den „Sprung nach Preußen" zu wagen. Alles, was er noch brauchte, war ein halbwegs geeigneter Auslöser, mit dem sich die Einverleibung Preußens rechtfertigen ließ. Mit diesem Vorhaben verfolgte Papen mehrere Ziele:
- Er wollte sich bei den Rechten als tatkräftiger Politiker profilieren,
- die „marxistische Gefahr" abwenden und
- sich durch die Übernahme der Regierungsgewalt im größten Land des Reichs den für seine Politik nötigen Zuwachs an Macht verschaffen.

20. Juli 1932

In Preußen hatte die bisherige Regierungskoalition aus SPD, Z und DDP bei den Landtagswahlen nicht mehr die Mehrheit erreicht. Als Gerüchte von einem SPD-KPD-Bündnis aufkamen, erreichte Papen Hindenburgs Unterstützung für ein energisches Vorgehen gegen das „rote Bündnis". Mit Hilfe des Artikels 48 setzte Papen die noch amtierende Regierung Braun in Preußen ab und übernahm gleichzeitig als Reichskommissar die Regierungsgeschäfte. Nachdem der Ausnahmezustand über Berlin und Brandenburg verhängt worden war, trat die preußische Regierung angesichts der massiven Drohungen und der hoffnungslosen Lage zurück. Das einzige Gegenmittel, ein Generalstreik, war aufgrund der wirtschaftlichen Situation (5 Mio. Arbeitslose) ebenso unbrauchbar und illusionär wie der bewaffnete Widerstand. Auch wollte die Führung der preußischen SPD nicht „mutig auf Kosten der Genossen" sein, wie es der preußische Innenminister Severing formulierte. Zudem konnte ja noch der Staatsgerichtshof in Leipzig, wenn auch ohne große Erfolgsaussichten, angerufen werden. Dieser entschied tatsächlich, daß zwar die Absetzung der preußischen Regierung nicht rechtens gewesen sei, daß das Vorgehen Papens gegen Preußen jedoch mit der Verfassung vereinbar sei. Demzufolge durfte zwar die preußische Regierung das Land im RR vertreten, die tatsächliche Macht jedoch blieb in den Händen der Reichsregierung, die den Spielraum Brauns durch eine Verordnung des Reichspräsidenten sofort auf ein Minimum beschränkte.

23. 10. 1932

Der „Völkische Beobachter" stellte fest: „Der Anfang ist gemacht, wir werden sie [die Liquidierung] zu Ende führen." (Zit. nach Dederke, a.a.O., S. 251)

Der Staatsstreich wurde von den Rechten mit Begeisterung aufgenommen, als „Liquidierung der Novemberherrschaft“ bejubelt und als Schwäche der Demokratie bewertet.

3.4 Die Reichstagswahl vom 31. Juli 1932: Ergebnisse und Folgen

Heiber, a.a.O., S. 259 f.; zur innenpolitischen Situation des Jahres 1932 vgl. die Wahlkampfplakate S. 97

Die Wahlen endeten mit einer katastrophalen Niederlage der staatsbejahenden Parteien (SPD, Z, DDP, Teile der DVP) und einem triumphalen Gewinn der antidemokratischen Parteien, die zusammen über 57% aller Stimmen erhielten. Vor allem die NSDAP konnte sich bei einem Anwachsen ihrer Parlamentssitze von 107 auf 230 als der große Gewinner fühlen.

s. S. 109

Mit diesem Ergebnis führte für Papen kein Weg mehr an der NSDAP vorbei. Als er Hitler den Posten des Vizekanzlers und weitere Ministerien anbot, lehnte dieser, wie zu erwarten, im Vollgefühl seines Sieges eine „Beteiligung an der Macht“ ab und forderte kategorisch die Kanzlerschaft, die Hindenburg ihm unter Hinweis auf die Radikalität seiner Partei und der Wirkung auf das Ausland nicht zu geben gewillt war. Der Ausschluß von der Macht führte zu einer Krise in der NSDAP, die den greifbaren Erfolg in weite Ferne gerückt sah. Kritik an Hitlers Halsstarrigkeit und Kompromißlosigkeit wurde laut und Enttäuschung machte sich vor allem in der SA breit, die endlich die Früchte ihres Kampfes sehen wollte.

Vgl. hierzu Dederke, a.a.O., S. 251 ff.

Angesichts dieser Verhältnisse ließ sich die NSDAP zu Verhandlungen mit dem Z über die politische Zukunft Deutschlands herbei. Da Papen einen mehrheitlich gewählten Kanzler Hitler befürchtete, ließ er den RT, der ihm zuvor noch mit 512 zu 42 Stimmen (bei 5 Enthaltungen) das Mißtrauen ausgesprochen hatte, mit einer verfassungsrechtlich höchst anfechtbaren Begründung auflösen.

Zur Rolle der NSDAP bzw. des Reichstagspräsidenten Göring vgl. Heiber, a.a.O., S. 262

3.5 Die Außenpolitik Papens

Dederke, a.a.O., S. 255 f.

Je größer Papens innenpolitische Schwierigkeiten wurden, um so größer wurde die Notwendigkeit außenpolitischer Erfolge. Um den Nationalsozialisten den Wind aus den Segeln zu nehmen, ging er weit über die Außenpolitik seines Vorgängers hinaus und forderte:

- Die völlige Streichung der Reparationen;
- die Löschung des Kriegsschuldartikels 231;
- die Anerkennung der völligen Gleichberechtigung für das Reich.

Zunächst sah es so aus, als könne er trotz seiner Maximalforderungen und der Kompromißlosigkeit, mit der er sie vortrug, Erfolge erringen. Nach zähen Verhandlungen setzte nämlich die Lausanner Reparationskonferenz eine endgültige Abschlagszahlung von 3 Mrd. Reichsmark fest. Obwohl damit die endgültige Einstellung der Reparationen praktisch erreicht war und Papen, vor allem mit britischer Hilfe, die Früchte der Stresemannschen und Brüningschen Politik ernten konnte, beschimpfte ihn die kommunistische und nationalsozialistische Opposition als nachgiebigen Schwächling, dem die Alliierten einen Schuldschein abgepreßt hätten.

16. 6.–9. 7. 1932

Dieser „Pyrrhus-Sieg" (benannt nach König Pyrrhus von Epirus [306–272 v. Chr.], der zwar die Römer in 2 Schlachten besiegte, dabei jedoch sehr große Verluste hinnehmen mußte) veranlaßte Papen seine Forderungen gegenüber dem Ausland in der Frage der militärischen Gleichberechtigung zu erhöhen. Vor allem Schleicher drängte auf Härte und Unnachgiebigkeit. Trotz eines brüskierenden Ultimatums, verknüpft mit der Drohung abzureisen, erreichte die deutsche Delegation am 11. Dezember zu Genf die grundsätzliche Anerkennung ihrer Forderung. Deren konkrete Bedingungen sollten auf einer Folgekonferenz festgelegt werden.

3.6 Die Reichstagswahlen vom 6. 11. 1932

Wesentlicher Grund: Bis zu fünf Wahlen (Reichspräsidenten-, zweimal Reichstags-, Landtags- und Kommunalwahlen) fanden in den Ländern statt.

Auffallend war einmal die geringe Beteiligung der Bevölkerung an der Wahl und zum anderen die Ergebnisse der extremen Parteien:
- Die NSDAP verlor 2 Mio. Wähler und erlitt eine große Niederlage, zumal auch ihr Nimbus der unbesiegbaren, unaufhaltsamen Partei verloren ging;
- die KPD gewann 677 000 Stimmen und rückte damit bis auf eine halbe Mio. an die SPD heran.

Dederke, a.a.O., S. 257; s. S. 106 und 108

Als wesentliches Ergebnis brachte die Wahl keine neue Koalitionsmöglichkeit, an den bestehenden Verhältnissen änderte sich nichts. Während die NSDAP von einer großen Krise befallen und von Zweifeln geschüttelt wurde, sah die KPD im Wahlergebnis den Beweis für die Richtigkeit ihrer Parteilinie. Entscheidend war, daß sich in der Partei nun die von Thälmann vertretene Richtung durchsetzte, die den Feind nicht so sehr in der NSDAP, sondern vielmehr in der

Wahlplakate 1932

SPD sah. Die wachsende Auseinandersetzung und Selbstzerfleischung der beiden Arbeiterparteien ermöglichten es der NSDAP, ihre Position zu behaupten und wieder zu festigen.

Dederke, a.a.O., S. 257

3.7 Papens „neuer Staat“

Das Ergebnis der Reichstagswahlen bestätigte Papen in seinem Vorhaben, den „neuen Staat“ zu schaffen. Dieser sollte bezüglich der Herrschaftsverhältnisse und der Verteilung der politischen Macht so reaktionär sein, daß er hinter das Jahr 1918 zurückgreifen würde. Konkret sah Papen folgendes vor:

- Der Reichspräsident sollte zugleich preußischer Ministerpräsident und
- die Reichsregierung nur ihm verantwortlich sein;
- die Rechte des RT.s werden durch ein Kontrollrecht des Oberhauses noch geringer als die des kaiserlichen Reichstags;
- die Wahlen werden in öffentliche, ungleiche und indirekte umgewandelt.

Schleicher und Papen als Reichsreformatoren
Neues Preußisches Wappen für Großdeutschland
„Geduld! Eines Tages bringen wir das unvermeidliche Volk doch unter die Krone!“
Zeichnung von Karl Arnold
aus: Simplicissimus, Band von 1932/1933

Derartige Maßnahmen waren selbst auf halblegalem Weg nicht zu erreichen. Es mußte ein erneuter Staatsstreich, diesmal für das ganze Reich ins Auge gefaßt werden.

3.8 Papens Sturz

Dederke, a.a.O., S. 259

Papen hatte sich bereits die Unterstützung des Staatsstreichs durch Hindenburg gesichert, als ihm Schleicher die Unterstützung der Reichswehr aus zwei Gründen verweigerte: Einmal behagte ihm der Einsatz gegen die NSDAP nicht, der bei Papens Staatsstreich unweigerlich auf die Reichswehr zugekommen wäre, zum anderen war ihm Papens Kurs zu selbständig geworden. Als sich auch die übrigen Minister gegen den Kanzler aussprachen, mußte Hindenburg schweren Herzens seinen Lieblingskanzler entlassen.

Hindenburg: „Dann müssen wir in Gottes Namen Herrn von Schleicher sein Glück versuchen lassen." (Zit. nach Heiber, a.a.O., S. 268; Dederke, a.a.O., S. 260f.)

4 Das Kabinett Schleicher (2. 12. 1932–28. 1. 1933)

Kurt v. Schleicher (parteilos

aus: Zeiten und Menschen, Bd. A4. S. 75

4.1 Schleichers politisches Konzept

Nach der Entlassung Papens hatte die Kamarilla nur noch eine Karte in der Hand: Schleicher selbst mußte das Heft in die Hand nehmen. Nach eigenem Bekunden wollte er ein „sozialer General" sein. Dementsprechend sah er innen- und wirtschaftspolitisch sein Hauptziel zunächst in der Schaffung von Arbeitsplätzen, der Ankurbelung der Wirtschaft und der Verbesserung der sozialen Situation. Deshalb versuchte er, mit den wichtigen Parteien und Verbänden eine Einigung zu erzielen. Seine Kontakte zur SPD, den Mittelparteien und den Gewerkschaften führten zu keinem Erfolg, da die SPD mit dem „reaktionären General" nichts zu tun haben wollte, den Mittelparteien sein Programm zu unklar und ohne klare Prioritäten war. Nun versuchte Schleicher die NSDAP zu spalten. Er wandte sich an Gregor Strasser, den Führer des nichtrevolutionären Flügels und versuchte ihn mit dem Angebot der Vizekanzlerschaft zu gewinnen. Da sich Strasser innerhalb der Partei nicht gegen Hitler durchsetzen konnte, scheiterte auch dieses Vorhaben.

Schleichers Regierungsprogramm: Soesemann, a.a.O., Nr. 72

Dederke, a.a.O., S. 262ff.

4.2 Schleichers Sturz

Als Schleicher von seinem stark sozialpolitisch bestimmten Programm nicht abwich, wandten sich seine bisher noch zögernden Partner endgültig von ihm ab. Der agrarische Reichslandbund beklagte die Wiederkehr des Parlamentarismus „in Reinkultur", DNVP und die Industrie begannen sich nach einem geeigneten Gegenkandidaten umzusehen und fanden ihn schließlich in Hitler.

Bereits im November 1932 sprachen sich 20 Großindustrielle, Bankiers und Großagrarier bei Hindenburg für Hitler aus. Am 4. Januar 1933 trafen sich im Hause des Kölner Bankiers von Schröder Hitler und Papen, um über ein gemeinsames Vorgehen gegen Schleicher zu beraten.

Langsam aber sicher gewöhnten sich auch diejenigen an den Gedanken einer Kanzlerschaft Hitlers, die ihn bisher lediglich hatten integrieren wollen. Das eigentliche Problem bestand nun darin, den „alten Herrn", der sich halsstarrig weigerte, den „böhmischen Gefreiten" zum Kanzler zu machen, von dieser Notwendigkeit zu überzeugen. Obwohl er Hitler noch am 27. November einen abschlägigen Bescheid erteilt hatte und sich noch am 26. Januar gegen die Übertragung des Kanzleramtes an Hitler ausgesprochen hatte, schmolz sein Widerstand danach rasch, als sich nicht nur sein Sohn Oskar, sondern auch Meißner, Papen, der ehemalige Kronprinz, von Seeckt und weitere hohe Militärs für Hitler einsetzten. So entzog er schließlich am 28. Januar 1933 Schleicher das Vertrauen.

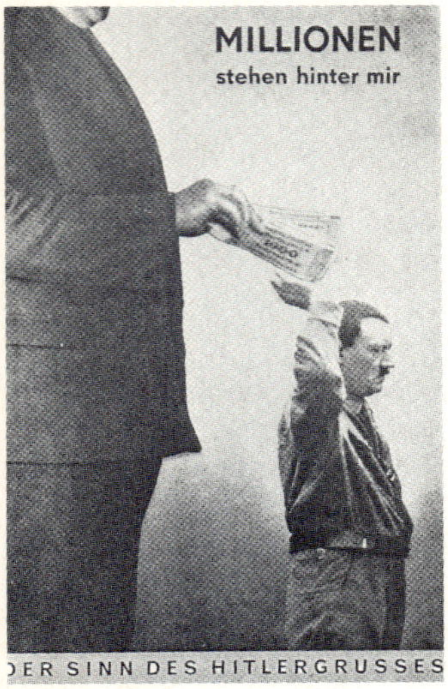

Der Sinn des Hitlergrußes
Fotomontage von John Heartfield, 1932

aus: Mickel, u. a., Politik und Gesellschaft, Bd 2, S. 120

Auszug in ZuM, S. 103
Bereits 1930 hatte von Seeckt die Regierungsbeteiligung der NSDAP als notwendig bezeichnet: Soesemann, a.a.O., Nr. 60

5 Die Ernennung Hitlers

Kurz vor der Vereidigung des neuen Kabinetts kam es zu einer ernsthaften Auseinandersetzung zwischen Hitler und dem Führer der DNVP, Hugenberg. Dieser lehnte Hitlers Absicht, den RT aufzulösen, um Neuwahlen zu erreichen, aus Sorge um die eigene Partei kategorisch ab. Um das nationale Kabinett nicht zu gefährden, ließen sich Hitler und seine Minister schließlich vereidigen, ohne diesbezüglich eine endgültige Entscheidung getroffen zu haben.

Hindenburg, Papen und Hugenberg waren der festen Überzeugung, Hitler „eingerahmt" zu haben, zumal die Nationalsozialisten insgesamt nur mit drei Mann im Kabinett vertreten waren. In der Tat sah es auf den ersten Blick so aus, als

Die verhängnisvollste Geste dieses Jahrhunderts

aus: Das Parlament, Nr. 6, 1983

sei die Einrahmung gelungen: Vereinbarungsgemäß sollte Hitler nur in Anwesenheit Papens bei Hindenburg Vortrag halten dürfen. Papen, dem nach wie vor die Gunst Hindenburgs gehörte, wurde nicht nur Vizekanzler, sondern auch Ministerpräsident von Preußen. Die wichtigsten Ressorts lagen in den Händen von konservativen Männern: Außenminister blieb Freiherr von Neurath, Wirtschaftsminister wurde Hugenberg. Und schließlich und endlich konnte man sich damit beruhigen, daß das Kabinett Hitler, ebenso wie seine Vorgänger völlig vom Vertrauen des Reichspräsidenten abhängig war. Im Brustton der Überzeugung erklärte Papen deshalb Warnern: „Sie irren sich, wir haben ihn uns engagiert. In zwei Monaten haben wir Hitler in die Ecke gedrückt, daß er quietscht.“ Die führenden Nationalsozialisten und die Masse der Parteimitglieder freilich sahen die Lage anders. Für sie war „die große Entscheidung“ gefallen, wie Goebbels in sein Tagebuch notierte. Für sie begann die neue, heroische Zeit, das „3. Reich“.

Schmid, a.a.O., S. 44, Q. 1

6 Ursachen und Gründe für das Scheitern Weimars

Die Ursachen und Gründe, die den Untergang Weimars herbeiführten, sind zahlreich; ihre Gewichtung hängt vom jeweiligen Standort des Beurteilenden ab. Das Urteil der Betroffenen wird häufig von der Absicht bestimmt, von der Frage nach Schuld und Versagen abzulenken. So lautete für den preußischen Ministerpräsidenten Braun die Antwort lapidar: „Versailles und Moskau“, womit er die Rolle der KPD meinte. Die Kommunisten wiederum sahen die Ursache des Untergangs in einer Verschwörung von Industriemagnaten, Börsenfürsten, ostelbischen Junkern und Militärs.

vgl. hierzu die Stellungnahmen von K. D. Bracher, H. Herzfeld, G. Schulz und eine Darstellung für den Geschichtsunterricht. Alle bei Schmid, a.a.O., S. 40f., Nr. 45–48

Angloamerikanische Historiker betonen vor allem die längerfristigen Aspekte und weisen auf den undemokratischen deutschen Volkscharakter hin oder sehen alles Unheil im preußischen Militarismus. Arthur Rosenberg sah das Scheitern bereits in der unterlassenen sozialen Revolution 1918/19 angelegt, während z. B. Ferdinand Hermens als Hauptübel das reine Verhältniswahlrecht nennt.

A. Rosenberg, Geschichte der Weimarer Republik. Köln, 1961

F. Hermens, Mehrheitswahlrecht und Verhältniswahlrecht. Berlin, 1949

Die Kontroverse zieht sich bis in die heutige Zeit und macht deutlich, daß es für das Scheitern Weimars keine monokausale Erklärung gibt. Vielmehr war es ein Bündel von Ursachen und Gründen, die den Nationalsozialisten letztendlich die „Machtergreifung“ ermöglichten:

6.1 Schwäche der demokratischen Tradition und Stärke der obrigkeitsstaatlichen Einstellungen

Schmid, a.a.O., S. 40f., Q. 45–47

- Die demokratische Entwicklung verlief in Deutschland nicht kontinuierlich und organisch;
- die neue Staatsform wurde von außen, von den Siegern ohne Rücksicht auf die deutschen Verhältnisse erzwungen;
- der Übergang von der Monarchie zur Republik ging demzufolge zu schnell, traf Parteien und vor allem das Volk unvorbereitet;
- das Volk war und blieb deshalb monarchisch, obrigkeitsstaatlich und antidemokratisch eingestellt. Diese Einstellung war besonders tief im Bürgertum und in der Intelligenz verwurzelt;
- von daher war eine aktive Mitarbeit, basierend auf dem

vgl. hierzu S. Kaehler, Antirepublikanismus (1919): Soesemann, a.a.O., Nr. 8

„Deutschland, Deutschland über alles!" Karikatur von Karl Arnold (1920)

1914: „Meine Herren, das ganze Volk steht hinter uns! Wir haben die Macht! Wir sind das Vaterland! Darum: Se. Majestät, hurra, hurra, hurra!"

1920: „Die andern haben die Macht, was geht uns das Vaterland der andern an? Sollen sie den Karren nur selber aus dem Dreck ziehen. Pröstchen!"

aus: Simplicissimus 1920

Verständnis für die neue Staatsform von der Masse des Volkes nicht zu erwarten; zudem hatte der wilhelminische Obrigkeitsstaat bei weiten Teilen der Bevölkerung eine ausgeprägte politische Gleichgültigkeit erzeugt;
- die aus dem Kaiserreich stammende Mentalität, die antidemokratische Einstellung der Verwaltung, der Wissenschaft, der Justiz und des Militärs trugen zur Labilität Weimars wesentlich bei.

vgl. hierzu Th. Wolff, Zur Justiz in der Weimarer Republik (1921): Soesemann, a.a.O., Nr. 49

6.2 Außenpolitische Belastungen als Folgen des 1. Weltkriegs

Vgl. A. Moeller van den Bruck, Abkehr von der Demokratie (1930): Soesemann, a.a.O., Nr. 39

- Als außenpolitische Gründungsurkunde Weimars muß der Versailler Vertrag angesehen werden, der die junge Staatsform erheblich belastete: Art. 228 und 231 sowie unbefriedigende territoriale Lösungen (polnischer Korridor, östliches Oberschlesien);
- die überzogenen Reparationsforderungen, vor allem die Reparationspolitik Frankreichs;
- das mangelnde Verständnis der Sieger für die innere Situation Deutschlands;
- das Selbstmitleid der Besiegten, welche die Schuld nur bei den anderen suchten; ihre Unfähigkeit, Geschehenes zu akzeptieren; ihre mangelnde Bereitschaft, einen modus vivendi (verträgliches Miteinander von Personen und Staaten) zu finden.

6.3 Strukturelle Fehler der Verfassung

vgl. hierzu Th. Mann, Die deutsche Entscheidung (1931): Soesemann, a.a.O., Nr. 38

- Sie war zwar die liberalste ihrer Zeit, jedoch unrealistisch, den Verhältnissen wenig angemessen;
- sie ermöglichte es, daß der Ausnahmefall zum Normalfall wurde (Notverordnungen, Präsidialkabinette, Ausschaltung der Volksvertretung);
- die unausgewogene Verteilung der Macht, ein überdemokratisches Wahlrecht, ein zu starkes plebiszitäres Element, fehlender Verfassungsschutz etc. erlaubten ihre Umgehung, Aushöhlung, Außerkraftsetzung.

6.4 Wirtschaftliche Belastungen

- Sie dürfen nicht überbewertet werden, denn die Reparationen hatten so gut wie keinen Einfluß auf die Inflation. Die Weltwirtschaftskrise brachte in anderen Ländern ebenso große Probleme mit sich, ohne daß sie zu einer derart umfassenden Veränderung des politischen Systems geführt hätte.

6.5 Das Versagen der Parteien und Interessenvertretungen

vgl. A. Hitler, Führertum und Demokratie (1925): Soesemann, a.a.O., Nr. 29

- Das aggressive Verhalten der staatsfeindlichen Parteien (KPD, DNVP, vor allem NSDAP) und Gruppierungen (Reichswehr, paramilitärische Organisationen) vergiftete durch emotionsgeladene Agitation, demagogische Propaganda, Haß und bösartige Verleumdung die innenpolitische Atmosphäre Weimars;
- die Industrie war am Untergang Weimars beteiligt durch ihre kompromißlose Interessenspolitik. Sie diffamierte den Sozialstaat und hob den „starken Mann“ Hitler auf ihren Schild;
- die Verteidiger der Demokratie ließen sich vor allem in der Anfangsphase zu leichtfertig vor den „rechten Karren“ spannen; sie versäumten es, die Rolle der eigentlichen Verursacher des Versailler Vertrags deutlich zu machen;

„Sie [die SPD] ist die gefährlichste Stütze der Feinde der Revolution.“ (Thälmann, 19. 2. 1932. Zit. Schmid, a.a.O., S. 34, Q. 33)

- die deutsche Arbeiterbewegung spaltete und zerfleischte sich (KPD, SPD, Gewerkschaften) anstatt gemeinsam gegen rechts vorzugehen.

6.6 Das Versagen einzelner Politiker

In der Literatur wird oft vom „historischen Zufall“ gesprochen. In diesem Zusammenhang werden folgende Persönlichkeiten bzw. deren politischen Wirken genannt:
- Die Weimarer Republik war gerade in ihrer gefährdetsten Phase abhängig von einem Politiker wie Hindenburg, der weder aufgrund seines Alters und seiner politischen Einstellung noch von seinen staatsmännischen Fähigkeiten her der Republik Halt geben konnte;
- Brünings verfehlte Wirtschaftspolitik;
- die Rolle des ehrgeizigen, aber unfähigen von Papen;
- die demagogische Ausstrahlungs- und Überzeugungskraft Hitlers, dessen Machtübernahme trotzdem nur aufgrund

einer Reihe von Fehlentscheidungen der genannten Politiker möglich wurde.

Zusammenfassend läßt sich sagen, daß die wichtigsten Gründe für den Untergang Weimars auf dem Felde der Mentalität, der Einstellungen und des Denkens lagen. Sie wurden verstärkt durch aktuelle Faktoren (Fehlentscheidungen der Sieger, Wahlrecht, ökonomische Krisen), die allein jedoch nicht den Untergang Weimars verursacht hätten.

Die Reichsregierungen

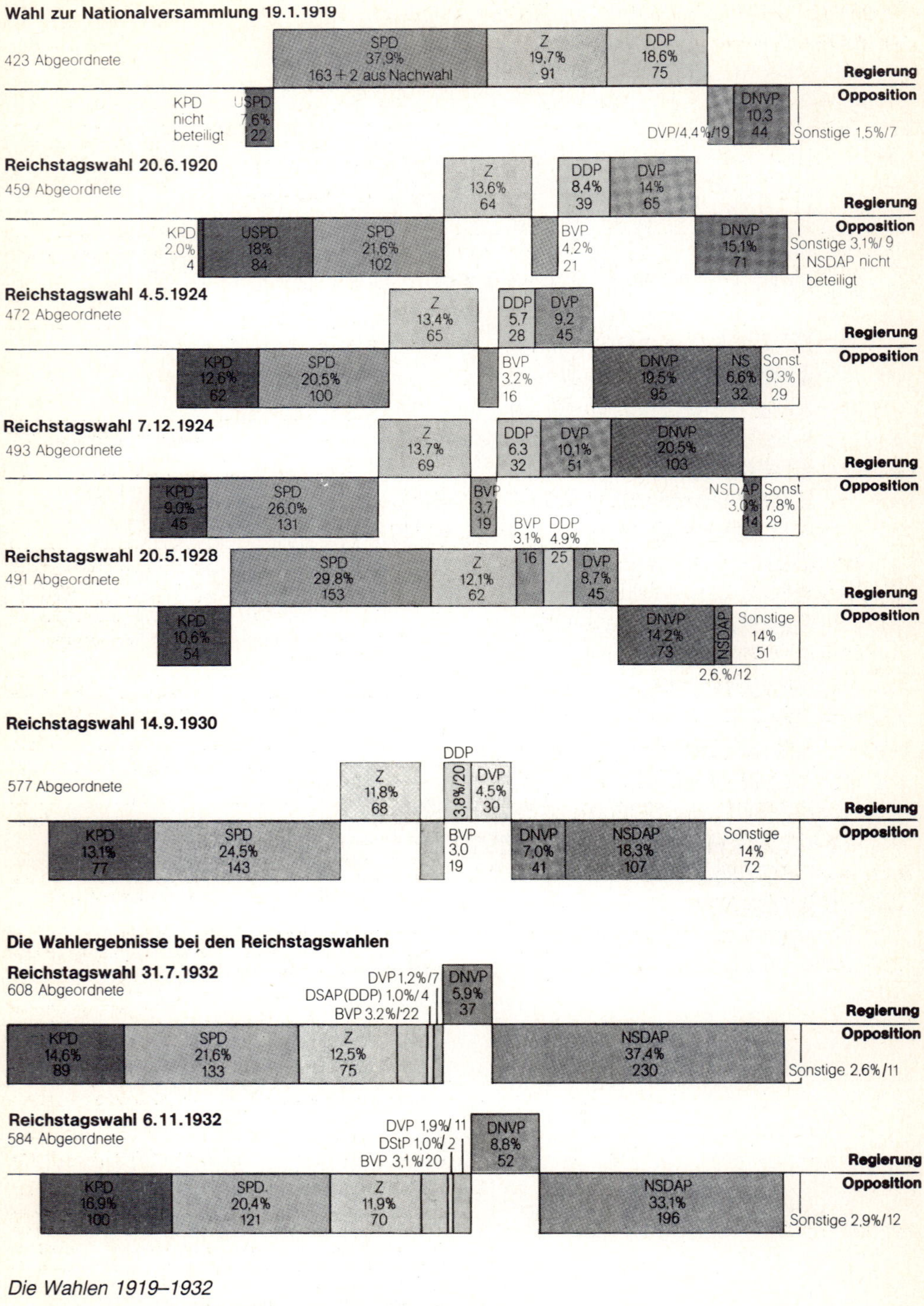

Die Wahlen 1919–1932

aus: B. Heinloth, Geschichte, Bd. 4, Ausgabe B, S. 105, 109, 112

Reichspräsidenten und Regierungen der Weimarer Republik

aus: Michalka, W. / Niedhart, G., Die ungeliebte Republik, S. 386–389

Staatsoberhaupt	Reichskanzler	Politischer Charakter der Regierung	Grund der Neubildung
10. 11. 1918 bis 10. 2. 1919 Rat der Volksbeauftragten Vorsitz: Ebert, SPD, und Haase, USPD		SPD und USPD. An die Stelle der ausgeschiedenen Unabhängigen treten am 29. 12. 1918 weitere Mehrheitssozialisten.	Zusammentritt der Weimarer Nationalversammlung
Friedrich Ebert 11. 2. 1919 von Nationalversammlung zum vorläufigen Reichspräsidenten gewählt.	13. 2. 1919 bis 20. 6. 1919 Scheidemann, SPD	Weimarer Koalition (SPD, DDP, Ztr.)	Unterzeichnung des Versailler Vertrages
	21. 6. 1919 bis 26. 3. 1920 Bauer, SPD (Ministerpräsident, ab 14. 8. 1919 Reichskanzler)	Weimarer Koalition	Kapp-Putsch
	27. 3. 1920 bis 8. 6. 1920 Müller, SPD	Weimarer Koalition	Reichstagswahlen 6. 6. 1920
	25. 6. 1920 bis 4. 5. 1921 Fehrenbach, Ztr.	Bürgerliche Koalition (DDP, Ztr., DVP). Keine parlamentarische Mehrheit.	Londoner Ultimatum
22. 10. 1922 Verlängerung der Amtszeit Eberts bis 30. 6. 1925 durch Reichstagsbeschluß	10. 5. 1921 bis 14. 11. 1922 Dr. Wirth, Ztr., I u. II	Weimarer Koalition. Keine parlamentarische Mehrheit.	Scheitern des Versuchs zur Erweiterung der Regierung im Sinne einer Großen Koalition.
	22. 11. 1922 bis 12. 8. 1923 Dr. Cuno, o. P.	Bürgerliche parteilose Regierung von Fachministern	Scheitern des Ruhrkampfes
	13. 8. 1923 bis 23. 11. 1923 Dr. Stresemann, DVP. I u. II	Große Koalition (SPD, DDP, Ztr., DVP), 3. 11. Ausscheiden der SPD	Reichstag (SPD und DNVP) versagt Vertrauensvotum
	30. 11. 1923 bis 26. 5. 1924 Dr. Marx, Ztr. I	Bürgerliche Koalition. Keine parlamentarische Mehrheit.	Reichstagswahlen 4. 5. 1924
	3. 6. 1924 bis 15. 12. 1924 Dr. Marx, Ztr. II	Bürgerliche Koalition. Keine parlamentarische Mehrheit.	Reichtagswahlen 7. 12. 1924
28. 2. 1925 Ebert † Paul v. Hindenburg 25. 4. 1925 gewählt als Reichspräsident	15. 1. 1925 bis 5. 12. 1925 Dr. Luther, o. P. I	Bürgerliche Rechtskoalition (Ztr., DDP, DVP, DNVP)	Ausscheiden der Deutschnationalen wegen Locarno.
	16. 5. 1926 bis 17. 12. 1926 Dr. Marx, Ztr. III	Bürgerliche Koalition. Keine parlamentarische Mehrheit.	Durch den Reichstag gestürzt: Kritik der SPD an Verbindung der Reichswehr zur Roten Armee. Mißtrauensvotum der SPD angenommen mit einer Mehrheit aus Soz., Komm., Dt.-nat. und Völk.
	29. 1. 1927 bis 12. 6. 1928 Dr. Marx, Ztr. IV	Bürgerliche Rechtskoalition	Reichstagswahl 20. 5. 1928
	28. 6. 1928 bis 27. 3. 1930 Müller, SPD II	Große Koalition	Streit um Beiträge zur Arbeitslosenversicherung.
10. 4. 1932 Wiederwahl Hindenburgs als Reichspräsident	30. 3. 1930 bis 30. 5. 1932 Dr. Brüning, Ztr. I u. II	Präsidialregierung aus Angehörigen der bürgerl. Parteien von Dem. bis Volkskons. Nach den Septemberwahlen 1930 toleriert von Reichstagsmehrheit aus diesen Parteien und SPD.	Hindenburg entzieht Brüning sein Vertrauen. Grund: „Agrarbolschewismus"; SA- und SS-Verbot; Versuch Schleichers, NSDAP an Regierung heranzuziehen.

Staatsoberhaupt	Reichskanzler	Politischer Charakter der Regierung	Grund der Neubildung
	1. 6. 1932 bis 17. 11. 1932 v. Papen, Ztr., seit Juni 1932 parteilos	Präsidialregierung vorwiegend aus Angehörigen des konservativen Adels. Mißtrauensvotum des Reichstags.	Hindenburg läßt Papen fallen. Grund: Hindenburg schreckt vor Aussicht eines Bürgerkriegs zurück.
	3. 12. 1932 bis 28. 1. 1933 v. Schleicher, o. P.	Präsidialregierung. Versuch zur Gewinnung einer neuen Mehrheit von Gewerkschaften bis linker Flügel der NSDAP.	Hindenburg läßt Schleicher fallen. Grund: Versuch Schleichers, neue Mehrheit zu finden, gescheitert.
	30. 1. 1933 bis 30. 4. 1945 Hitler, NSDAP	Koalitionsregierung NSDAP und DNVP	

Ergebnisse der Reichstagswahlen 1919–1933

aus: Petzina, u. a., Sozialgeschichtliches Arbeitsbuch III, S. 174

(% der gültigen Stimmen)

Partei	Januar 1919	Juni 1920	Mai 1924	Dez. 1924	Mai 1928	Sept. 1930	Juli 1932	Nov. 1932	März 1933
NSDAP[a]	·	·	6,5	3,0	2,6	18,3	37,3	33,1	43,9
DNVP[b]	10,3	15,1	19,5	20,5	14,2	7,0	5,9	8,3	8,0
christlich-sozialer Volksdienst	·	·	·	·	·	2,5	1,0	1,2	1,0
Landbund			2,0	1,6	0,6	0,6	0,3	0,3	0,2
Landvolkpartei	·	·	·	·	1,9	3,2	0,2	0,1	·
DVP[c]	4,4	13,9	9,2	10,1	8,7	4,5	1,2	1,9	1,1
Wirtschaftspartei	0,9	0,8	2,4	3,3	4,5	3,9	0,4	0,3	·
BVP[d]	·	4,4	3,2	3,7	3,1	3,0	3,2	3,1	2,7
Zentrum[e]	19,7	13,6	13,4	13,6	12,1	11,8	12,5	11,9	11,2
DDP[f]	18,5	8,3	5,7	6,3	4,9	3,8	1,0	1,0	0.9
SPD[g]	37,9	21,7	20,5	26,0	29,8	24,5	21,6	20,4	18,3
USPD[h]	7,6	17,9	0,8	0,3	0,1	·	·	·	·
KPD[i]	·	2,1	12,6	9,0	10,6	13,1	14,5	16,9	12,3
Sonstige	0,7	2,2	4,2	2,6	6,9	3,8	0,9	1,5	0,4
Zusammen	100	100	100	100	100	100	100	100	100

a Nationalsozialistische Deutsche Arbeiterpartei
b Deutschnationale Volkspartei
c Deutsche Volkspartei
d Bayerische Volkspartei
e 1919: CVP
f Deutsche Demokratische Partei, ab 1930 Deutsche Staatspartei
g Sozialdemokratische Partei Deutschlands
h Unabhängige Sozialdemokratische Partei Deutschlands
i Kommunistische Partei Deutschlands

Glossar

Dreiklassenwahlrecht

Das in Preußen von 1849 bis 1918 geltende Dreiklassenwahlrecht (ungleich, öffentlich, mündlich) teilte die Wähler nach der Steuerleistung in 3 Klassen. Jede Klasse wählte die gleiche Zahl von Wahlmännern, die dann die Abgeordneten wählten. Die geringe Zahl der Höchst- und Mittelbesteuerten (ca. 20%) konnte auf diese Weise die Masse der Bevölkerung majorisieren.

Freikorps

Kampfverbände, die nach dem 1. Weltkrieg in Deutschland entstanden und sich aus Freiwilligen, meist ehemaligen Berufssoldaten zusammensetzten. Sie gehörten nicht zu den regulären Truppen der Reichswehr. Ihr Kampf in den Ostgebieten zum Schutze der deutschen Heimat (1919–1923) wurde von den Regierungen bis zum massiven Protest der Sieger ebenso geduldet wir ihre Beteiligung bei der Niederschlagung von kommunistischen Aufständen. Von ihrer politischen Einstellung her waren die Freikorps extrem konservativ, nationalistisch und meist rechtsradikal.

Konstitutionelle Monarchie

Hierbei handelt es sich um eine Regierungsform, in der die Gewalt des Monarchen durch eine Verfassung (= Konstitution) eingeschränkt ist. Die Verfassung regelt die Verteilung der Macht und der politischen Kompetenzen zwischen Monarch und Parlament.
Die k. M. entwickelte sich in West- und Südeuropa im 19. Jahrhundert (in England existiert sie seit der Glorious Revolution 1689) zur Beschränkung des Absolutismus.
Wesentliche Charakteristika:
- Beteiligung der Volksvertretung (Parlament) an der Legislative;
- parlamentarische Kontrolle der Exekutive, die beim Monarchen bzw. einem von ihm bestellten Kabinett liegt;
- parlamentarische Kontrolle des Staatshaushalts (Budgetrecht);
- Verantwortlichkeit der Minister gegenüber dem Parlament;

– Unabhängigkeit des Richterstandes;
– Garantie der bürgerlichen Grundrechte.

Parlamentarische Monarchie

Heutige Form der Monarchie in Europa. Der Monarch hat seine politische Macht völlig eingebüßt. Er übt nur noch die Funktion und die (wenigen) Rechte eines Staatsoberhaupts aus (vgl. z. B. Großbritannien, Holland, Dänemark, Schweden, Spanien). Seine Hauptaufgabe wird in der neutralen, von der Parteipolitik unberührten und deshalb integrierenden Stellung gesehen. Monarchie und Demokratie sind deshalb kein Gegensatz mehr.

Plebiszitäres Element, Plebiszit

Lat. plebis scitum = Volksbeschluß. Der Begriff bezeichnet die Formen, in denen das Volk unmittelbar an der staatlichen Willensbildung beteiligt ist. Derartige Möglichkeiten sind:
– Volksabstimmung;
– Volksbegehren;
– Volksentscheid.

Räterepublik, Rätestaat

Regierungssystem, das aus der kommunistischen politischen Theorie 1905 in Rußland entstand und sich 1917 endgültig dort durchsetzte. Es soll die Staatsgewalt für die Übergangszeit von der Revolution zum Sozialismus sichern. Die gesamte Gewalt – die Gewaltenteilung wird abgelehnt – wird hierbei von sogenannten Räten (russisch: sowjet) und Vollzugsausschüssen ausgeübt. Die Mitglieder dieser Institutionen entstammen der Klasse der Arbeiter, der Bauern und Soldaten.
Vorgehen und Ziele:
– Enteignung der Besitzenden;
– dadurch Beseitigung der Klassenunterschiede;
– Durchsetzung einer endgültigen sozialistischen Staats- und Wirtschaftsordnung.

Völkerbund

Nach dem 1. Weltkrieg auf Betreiben des amerikanischen Präsidenten Wilson geschaffene internationale Organisation zur Wahrung des Friedens, der wirtschaftlichen und kulturellen Zusammenarbeit. Die Völkerbundssatzung (26 Artikel) ist ein Teil der Friedensverträge von 1919 (Versailles) und 1920 (Saint Germain). Sitz der Organisation war Genf. Entscheidend war, daß der V. durch den Nichteintritt der USA und der SU von anfang an keine realpolitische Bedeutung besaß. Seine Schwäche wurde durch unwirksame Sanktionen gegenüber aggressiven Ländern (z. B. Nazideutschland) offensichtlich. Der Austritt Deutschlands (1933) und Japans (1937) beendeten den V. praktisch. Am 18. 4. 1946 wurde er aufgelöst und durch die Vereinten Nationen (UNO) ersetzt.

Vierzehn Punkte

Von Präsident Wilson am 18. 1. 1918 verkündetes Programm, das zur Grundlage für einen gerechten Frieden und für ein friedliches Zusammenleben der Völker werden sollte.
Wesentliche Bestimmungen:
- Friedensverträge sollen in Zukunft öffentlich beschlossen werden;
- absolute Freiheit der Schiffahrt auf See;
- Garantien für eine allgemeine Herabsetzung der Rüstung auf ein Minimum;
- Räumung des russischen Gebiets von fremden Truppen;
- Rückgabe von Elsaß-Lothringen an Frankreich;
- Berichtigung der italienischen Grenzen gemäß der klar erkennbaren Nationalitäten;
- freieste Möglichkeiten für die autonome Entwicklung der Völker Österreich-Ungarns;
- Entwicklung eines unabhängigen Staates Polen, der Zugang zum Meer erhalten soll;
- freies Selbstbestimmungsrecht der Völker;
- Schaffung einer „Gesellschaft der Nationen“, die die Sicherheit der kleinen Staaten durch internationale Rechtsgarantien gewährleistet.